Hammer · Knauth · Kühnel

Physik

Jahrgangsstufe 11
Mechanik – Fundamentum
Lösungen

von Herbert Knauth

mit Beiträgen von
Rainer Gaitzsch
Siegfried Kühnel
Gerlinde Lackner-Ronge
Hubert Schafbauer

Oldenbourg

Das Papier ist aus chlorfrei gebleichtem Zellstoff hergestellt, ist säurefrei und recyclingfähig.

© 1996 R. Oldenbourg Verlag GmbH, München

Das Werk und seine Teile sind urheberrechtlich geschützt. Jede Verwertung in anderen als den gesetzlich zugelassenen Fällen bedarf deshalb der vorherigen schriftlichen Einwilligung des Verlages.

1. Auflage 1996
Unveränderter Nachdruck   99 98 97 96
Die letzte Zahl bezeichnet
das Jahr des Drucks.

Lektorat: Dorothee Heinrich
Herstellung: Christa Schauer
Umschlagkonzeption: Mendel & Oberer, München
Umschlagfotos: Bavaria-Verlag (TCL), Gauting; Mauritius (Messerschmidt), Mittenwald; Baader Planetarium KG (NASA), Mammendorf
Umschlaggestaltung: Klaus Hentschke, München
Satz und Druck: Tutte Druckerei GmbH, Salzweg-Passau
Bindearbeiten: R. Oldenbourg Graph. Betriebe GmbH, München

ISBN 3-486-**87573**-6

Inhaltsverzeichnis

Die Angaben zu den Aufgaben findet man im Lehrbuch (LB), die Lösungen im Lösungsheft (LH) auf den jeweils angegebenen Seiten.

	Seite im LB	Seite im LH
1 Einfache lineare Bewegungen	7	7
1.1 Bezugssystem, Registrierung von Bewegungen	7	7
1.2 Geradlinige Bewegung mit konstanter Geschwindigkeit	8	7
1.3 Geradlinige Bewegung mit konstanter Beschleunigung	10	12
2 Gesetze von Newton und ihre Anwendungen	27	31
2.1 1. Gesetz von Newton (Trägheitssatz)	27	31
2.2 2. Gesetz von Newton (Grundgesetz der Mechanik)	29	32
2.3 3. Gesetz von Newton (Wechselwirkungssatz)	34	38
2.4 Anwendung des 2. Gesetzes von Newton auf einfache Kraftgesetze	36	38
2.5 Überblick über die bisher besprochenen Bewegungsarten	49	–
3 Erhaltungssätze	51	54
3.1 Kinetische Energie	51	54
3.2 Potentielle Energie	52	55
3.3 Energieerhaltungssatz der Mechanik	56	58
3.4 Impuls und Impulserhaltungssatz	62	63
4 Einfache krummlinige Bewegungen	75	76
4.1 Waagrechter Wurf	75	76
4.2 Kreisbewegung mit konstanter Winkelgeschwindigkeit	83	83
4.3 Zentripetalkraft	86	84
4.4 Kurvenfahrt	93	87
5 Gravitation	97	90
5.1 Gesetze von Kepler	97	90
5.2 Gravitationsgesetz von Newton	104	93

	Seite im LB	Seite im LH

6 Schwingungen und Wellen 120 102

6.1 Harmonische Schwingung 120 102
6.2 Grundbegriffe der Wellenlehre 126   –
6.3 Sinusförmige Transversalwelle 129 105
6.4 Interferenz bei zwei Wellenzentren; stehende Welle 133 110

Anhang: Aufgaben aus Abschlußprüfungen 141 120

Vorbemerkungen

Die im Lehrbuch vorhandenen Aufgabenbeispiele zeigen eine knappe Form für das Lösen von Aufgaben.

Im allgemeinen sollen sich die Schüler bei Aufgaben, bei denen die Berechnung einer physikalischen Größe verlangt ist, zunächst überlegen, welche Größen gegeben und welche gesucht sind; dabei werden auch die Platzhalter für die Größen festgelegt. Anschließend sollen sich die Schüler einen Lösungsweg überlegen und aus „Grundgleichungen", z. B. solchen die aus der Formelsammlung zu entnehmen sind, eine Gleichung für die Berechnung der gesuchten Größe herleiten; daraus wird dann die gesuchte Größe berechnet. Im vorliegenden Lösungsheft ist dafür die Aufgabe ❷ in 1.2.3 ein einfaches Musterbeispiel. Bei den meisten Aufgaben sind die gegebenen und gesuchten Größen nicht eigens aufgeführt, um die Seitenzahl des Lösungsheftes knapp zu halten. Aus dem gleichen Grund wurde oft auf einen Antwortsatz verzichtet. Gelegentlich ist es nötig, eine neue Größe zur Lösung einzuführen; diese Größe wird dann auch im erläuternden Text zur Aufgabe erklärt.

Im Lösungsheft ist die gesuchte Größe fast immer in Form eines Gesamtansatzes dargestellt. Erst dann werden die speziellen Werte eingesetzt.

Im allgemeinen ist die gesuchte Größe ein Potenzprodukt. Hier gilt die Faustregel der Fehlerrechnung für physikalische Größen: „Die gesuchte Größe ist mit ebensovielen geltenden Ziffern anzugeben wie diejenige gegebene Größe mit der kleinsten Anzahl geltender Ziffern". Die Ergebnisse sind deshalb jeweils mit der entsprechenden Anzahl geltender Ziffern angegeben. Sind Zwischenergebnisse verlangt, dann wird nicht mit den gerundeten, sondern mit den genaueren Werten weitergerechnet.

Für die Material- und Naturkonstanten werden die Werte aus der Formelsammlung bzw. den angegebenen Tabellen genommen.

Häufig gibt es verschiedene Lösungswege für eine Aufgabe. Im Lösungsheft ist meist nur ein Lösungsweg durchgeführt.

1 Einfache lineare Bewegungen

1.1 Bezugssystem, Registrierung von Bewegungen

Aufgaben in 1.1.1   Lehrbuch S. 7

❶ Im Bezugssystem „Fluß" bleibt das Boot in Ruhe, im Bezugssystem „Ufer" bewegt sich das Boot mit konstanter Geschwindigkeit.

❷ a) Im Bezugssystem „Fahrradrahmen" bewegt sich das Ventil auf einer Kreisbahn.

b) Im Bezugssystem „Straße" beschreibt das Ventil eine sog. (gestreckte) Zykloide.
(Die Schüler können nur den ungefähren Verlauf der Bahnkurve angeben, da die Zykloide aus dem Unterricht nicht bekannt ist.)

1.2 Geradlinige Bewegung mit konstanter Geschwindigkeit

Aufgaben in 1.2.3   Lehrbuch S. 9 und 10

❶ Aus $x(t) = v_0 t$ ergibt sich:

$$x(2{,}0 \text{ min}) = 15 \text{ km h}^{-1} \cdot 2{,}0 \text{ min} = 15 \text{ km h}^{-1} \cdot \frac{2{,}0}{60} \text{ h} = \underline{0{,}50 \text{ km}}$$

Die Radfahrerin legt in 2,0 min den Weg 0,50 km zurück.

Aus $x(t) = v_0 t$ folgt: $t = \dfrac{x(t)}{v_0}$

$$t = \frac{2{,}5 \text{ km}}{15 \text{ km h}^{-1}} = \frac{2{,}5 \cdot 60}{15} \text{ min} = \underline{10 \text{ min}}$$

Die Radfahrerin legt 2,5 km in 10 Minuten zurück.

❷ Geg.: $x = 300$ km   Ges.: Zeit t

a) Geg.: $v_0 = 75 \text{ km h}^{-1}$

Lösung: Aus $x = v_0 t$ ergibt sich: $t = \dfrac{x}{v_0}$

$$t = \frac{300 \text{ km}}{75 \text{ km h}^{-1}} = \underline{4{,}0 \text{ h}}$$

Der Wagen benötigt 4,0 h

b) Geg.: $v_1 = 50 \text{ km h}^{-1}$; $v_2 = 100 \text{ km h}^{-1}$; $x_1 = x_2 = 150 \text{ km}$

Lösung: Für die Strecke x_1 wird die Zeit $t_1 = \dfrac{x_1}{v_1}$, für die Strecke x_2 die Zeit $t_2 = \dfrac{x_2}{v_2}$ benötigt.

Für die Gesamtzeit t gilt damit:

$$t = t_1 + t_2 = \frac{x_1}{v_1} + \frac{x_2}{v_2}$$

$$t = \frac{150 \text{ km}}{50 \text{ km h}^{-1}} + \frac{150 \text{ km}}{100 \text{ km h}^{-1}} = 3{,}0 \text{ h} + 1{,}5 \text{ h} = \underline{\underline{4{,}5 \text{ h}}}$$

Der Wagen benötigt 4,5 h.

c) Geg.: $v_1 = 50 \text{ km h}^{-1}$; $v_2 = 100 \text{ km h}^{-1}$; $t_1 = t_2 = \dfrac{t}{2}$

Lösung: In der Zeit t_1 wird die Strecke $x_1 = v_1 t_1$, in der Zeit t_2 die Strecke $x_2 = v_2 t_2$ zurückgelegt.

Für die gesamte Strecke $x = x_1 + x_2 = v_1 \cdot \dfrac{t}{2} + v_2 \cdot \dfrac{t}{2} = (v_1 + v_2) \cdot \dfrac{t}{2}$ ist damit die Zeit $t = \dfrac{2x}{v_1 + v_2}$ nötig.

$$t = \frac{2 \cdot 300 \text{ km}}{50 \text{ km h}^{-1} + 100 \text{ km h}^{-1}} = \underline{\underline{4{,}0 \text{ h}}}$$

Der Wagen benötigt 4,0 h.

Anderer Lösungsweg:

Falls das Fahrzeug eine Stunde mit der Geschwindigkeit 50 km h^{-1} und eine Stunde mit der Geschwindigkeit 100 km h^{-1} fährt, hat es 150 km zurückgelegt. Da die Gesamtstrecke 300 km beträgt, muß es also zwei Stunden mit der Geschwindigkeit 50 km h^{-1} und zwei Stunden mit der Geschwindigkeit 100 km h^{-1} fahren.

Die benötigte Fahrzeit beträgt also $\underline{\underline{4{,}0 \text{ h}}}$.

3 a)

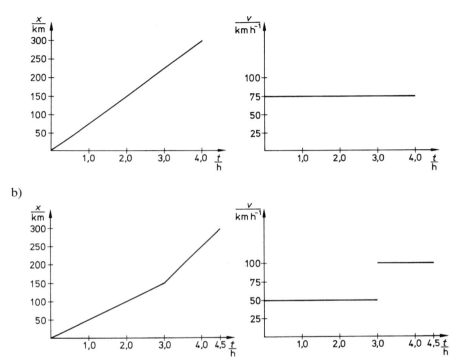

b)

c)

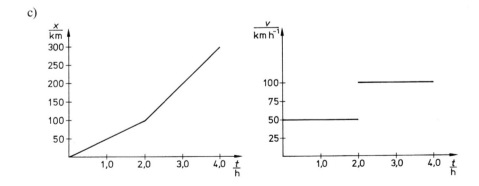

❹ a) Im t-x-Diagramm ist v_0 die Steigung des Geradenstücks:

$$v_0 = \frac{5\,\text{cm}}{1\,\text{s}} = \frac{10\,\text{cm}}{2\,\text{s}} = \frac{15\,\text{cm}}{3\,\text{s}} = \frac{20\,\text{cm}}{4\,\text{s}} = \text{konstant} = 5\,\text{cm s}^{-1}$$

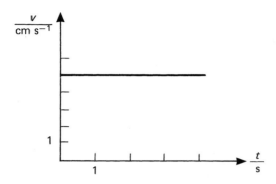

b) Mit $x(t) = v_0\,t$ und $v_0 = 5\,\text{cm s}^{-1}$ folgt:

$x(0)\ \ = 5\,\text{cm s}^{-1} \cdot 0\ \ = 0$
$x(1\,\text{s}) = 5\,\text{cm s}^{-1} \cdot 1\,\text{s} =\ \ 5\,\text{cm}$
$x(2\,\text{s}) = 5\,\text{cm s}^{-1} \cdot 2\,\text{s} = 10\,\text{cm}$
$x(3\,\text{s}) = 5\,\text{cm s}^{-1} \cdot 3\,\text{s} = 15\,\text{cm}$
$x(4\,\text{s}) = 5\,\text{cm s}^{-1} \cdot 4\,\text{s} = 20\,\text{cm}$

Damit ergibt sich wieder das ursprüngliche t-x-Diagramm.

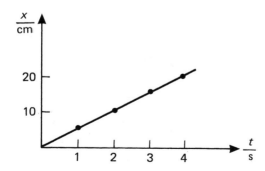

❺ Da die Abstände d der Bilder des bewegten Körpers gleich sind, erfolgte die Bewegung mit konstanter Geschwindigkeit.
Im Bild ist $d = 13$ mm; beim Maßstab 1:5 ist der wirkliche Abstand $13 \text{ mm} \cdot 5 = 65$ mm.
Aus $x(t) = v_0 \cdot t$ ergibt sich: $v_0 = \dfrac{x(t)}{t}$

$$v_0 = \frac{65 \text{ mm}}{0{,}10 \text{ s}} = \underline{\underline{0{,}65 \text{ m s}^{-1}}}$$

Die konstante Geschwindigkeit ist $0{,}65 \text{ m s}^{-1}$.

❻ Berechnung der Geschwindigkeiten in den einzelnen Intervallen:
Mit $v_0 = \dfrac{\Delta x}{\Delta t}$ ergibt sich im

1. Intervall:
$$v_1 = \frac{(\Delta x)_1}{(\Delta t)_1} = \frac{30 \text{ m}}{2 \text{ min}} = \underline{\underline{15 \text{ m min}^{-1}}}$$

2. Intervall:
$$v_2 = \frac{(\Delta x)_2}{(\Delta t)_2} = \frac{20 \text{ m}}{2 \text{ min}} = \underline{\underline{10 \text{ m min}^{-1}}}$$

3. Intervall: (Berechnungen zum 4. und 5. Intervall s. S. 12)
$$v_3 = \frac{(\Delta x)_3}{(\Delta t)_3} = \frac{0 \text{ m}}{3{,}5 \text{ min}} = \underline{\underline{0}}$$

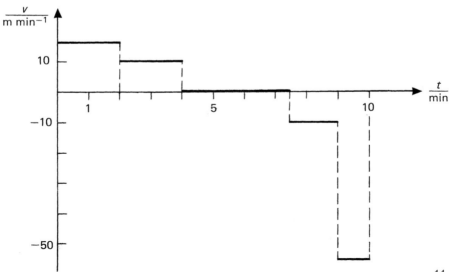

4. Intervall:
$$v_4 = \frac{(\Delta x)_4}{(\Delta t)_4} = \frac{-15\,\text{m}}{1{,}5\,\text{min}} = \underline{\underline{-10\,\text{m}\,\text{min}^{-1}}}$$

5. Intervall:
$$v_5 = \frac{(\Delta x)_5}{(\Delta t)_5} = \frac{-55\,\text{m}}{1\,\text{min}} = \underline{\underline{55\,\text{m}\,\text{min}^{-1}}}$$

Erläuterung des Bewegungsablaufs:
Die Bewegung beginnt am Ort $x = 20$ m mit der konstanten Geschwindigkeit $15\,\text{m}\,\text{min}^{-1}$ und behält diese 2 Minuten lang bei. Ab dem Ort $x = 50$ m beträgt die Geschwindigkeit 2 Minuten lang $10\,\text{m}\,\text{min}^{-1}$. Am Ort $x = 70$ m ist 3,5 Minuten lang Stillstand. Anschließend erfolgt die Bewegung rückwärts und zwar zunächst 1,5 Minuten lang mit der Geschwindigkeit $-10\,\text{m}\,\text{min}^{-1}$ bis zum Ort $x = 55$ m und dann 1 Minute lang mit der Geschwindigkeit $-55\,\text{m}\,\text{min}^{-1}$ bis zum Ort $x = 0$.

1.3 Geradlinige Bewegung mit konstanter Beschleunigung

Aufgabe in 1.3.2 Lehrbuch S. 12

❶ a) Mit $\bar{v} = \dfrac{\Delta x}{\Delta t}$ ergibt sich:

$$\bar{v}_1 = \frac{4{,}0 - 0}{1{,}0 - 0}\,\text{cm}\,\text{s}^{-1} = \underline{\underline{4{,}0\,\text{cm}\,\text{s}^{-1}}}$$

$$\bar{v}_2 = \frac{16 - 4{,}0}{2{,}0 - 1{,}0}\,\text{cm}\,\text{s}^{-1} = \underline{\underline{12\,\text{cm}\,\text{s}^{-1}}}$$

$$\bar{v}_3 = \frac{36 - 16}{3{,}0 - 2{,}0}\,\text{cm}\,\text{s}^{-1} = \underline{\underline{20\,\text{cm}\,\text{s}^{-1}}}$$

$$\bar{v}_4 = \frac{64 - 36}{4{,}0 - 3{,}0}\,\text{cm}\,\text{s}^{-1} = \underline{\underline{28\,\text{cm}\,\text{s}^{-1}}}$$

$$\bar{v}_{\text{ges}} = \frac{64 - 0}{4{,}0 - 0}\,\text{cm}\,\text{s}^{-1} = \underline{\underline{16\,\text{cm}\,\text{s}^{-1}}}$$

b) $\Delta\bar{v}_{21} = 12\,\text{cm}\,\text{s}^{-1} - 4{,}0\,\text{cm}\,\text{s}^{-1} = 8{,}0\,\text{cm}\,\text{s}^{-1}$
$\Delta\bar{v}_{32} = 20\,\text{cm}\,\text{s}^{-1} - 12\,\text{cm}\,\text{s}^{-1} = 8{,}0\,\text{cm}\,\text{s}^{-1}$
$\Delta\bar{v}_{43} = 28\,\text{cm}\,\text{s}^{-1} - 20\,\text{cm}\,\text{s}^{-1} = 8{,}0\,\text{cm}\,\text{s}^{-1}$

Die Zunahme der mittleren Geschwindigkeit von Sekunde zu Sekunde ist immer $\underline{\underline{8{,}0\,\text{cm}\,\text{s}^{-1}}}$.

Aufgaben in 1.3.4 Lehrbuch S. 15 und 16

Bei vielen Aufgaben ist es notwendig, die Geschwindigkeit von km h^{-1} in die Einheit m s^{-1} umzurechnen. Dabei gilt:

$$1{,}0 \text{ km h}^{-1} = \frac{1000 \text{ m}}{3600 \text{ s}} = \frac{1{,}0}{3{,}6} \text{ m s}^{-1} \quad \text{bzw.} \quad 1{,}0 \text{ m s}^{-1} = 3{,}6 \text{ km h}^{-1}$$

❶ Geg.: $v_0 = 0$; $a_0 = 0{,}750 \text{ m s}^{-2}$; $v = 65{,}0 \text{ km h}^{-1}$
Ges.: Zeit t

Lösung: Wegen $v_0 = 0$ ergibt sich die Zeit t aus $v = a_0 t$:

$$t = \frac{v}{a_0} = \frac{65{,}0 \text{ km h}^{-1}}{0{,}750 \text{ m s}^{-2}} = \frac{65{,}0 \text{ m s}^{-1}}{3{,}6 \cdot 0{,}750 \text{ m s}^{-2}} = \underline{\underline{24{,}1 \text{ s}}}$$

Nach 24,1 s hat die Lokomotive die Geschwindigkeit 65,0 km h^{-1}.

❷ Aus $\bar{a} = \dfrac{\Delta v}{\Delta t}$ und $x = \dfrac{\bar{a}}{2} t^2$ ergibt sich:

a) $\bar{a}_1 = \dfrac{80 \text{ km h}^{-1} - 0}{8{,}0 \text{ s}} = \dfrac{80 \text{ m s}^{-1}}{3{,}6 \cdot 8{,}0 \text{ s}} = 2{,}78 \text{ m s}^{-2} = \underline{\underline{2{,}8 \text{ m s}^{-2}}}$

$x_1 = \dfrac{2{,}78 \text{ m s}^{-2}}{2} \cdot (8{,}0 \text{ s})^2 = \underline{\underline{89 \text{ m}}}$

b) $\bar{a}_2 = \dfrac{100 \text{ km h}^{-1} - 0}{12{,}3 \text{ s}} = \dfrac{100 \text{ m s}^{-1}}{3{,}6 \cdot 12{,}3 \text{ s}} = \underline{\underline{2{,}26 \text{ m s}^{-2}}}$

$x_2 = \dfrac{2{,}26 \text{ m s}^{-2}}{2} \cdot (12{,}3 \text{ s})^2 = \underline{\underline{171 \text{ m}}}$

❸ a) Aus $x(t) = \tfrac{1}{2} a_0 t^2$, $v(t) = a_0 t$ und $a_0 = 0{,}8 \text{ m s}^{-2}$ folgt:

$x(t) = 0{,}4 \text{ m s}^{-2} \cdot t^2$
$v(t) = 0{,}8 \text{ m s}^{-2} \cdot t$
$a(t) = a_0 = 0{,}8 \text{ m s}^{-2}$

b)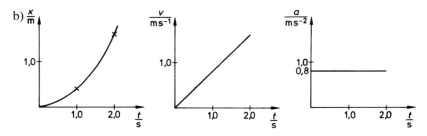

❹ Wegen $v_0 = 0$ ergibt sich die Beschleunigung a_0 aus $v = a_0 t$:

$$a_0 = \frac{v}{t} = \frac{12\,\mathrm{m\,s^{-1}}}{2{,}0\,\mathrm{min}} = \frac{12\,\mathrm{m\,s^{-1}}}{2{,}0 \cdot 60\,\mathrm{s}} = \frac{1}{10}\,\mathrm{m\,s^{-2}} = 0{,}10\,\mathrm{m\,s^{-2}}$$

Damit lauten die Bewegungsgleichungen:

$v(t) = 0{,}10\,\mathrm{m\,s^{-2}} \cdot t$
$x(t) = 0{,}050\,\mathrm{m\,s^{-2}} \cdot t^2$
$v^2(x) = 0{,}20\,\mathrm{m\,s^{-2}} \cdot x$

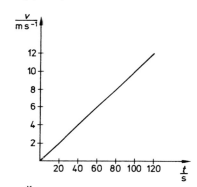

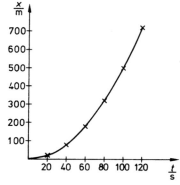

$\dfrac{t}{\mathrm{s}}$	20	40	60	80	100	120
$\dfrac{x}{\mathrm{m}}$	20	80	180	320	500	720

❺ a) Bezeichnungen:

$v_1 = v(t_1) = v(20\,\mathrm{s}); \quad v_2 = v(t_2) = v(60\,\mathrm{s}); \quad v_3 = v(t_3) = v(80\,\mathrm{s})$

$v_1 = a_1 \cdot t_1 = 0{,}40\,\mathrm{m\,s^{-2}} \cdot 20\,\mathrm{s} = \underline{\underline{8{,}0\,\mathrm{m\,s^{-1}}}}$

$v_2 = v_1 + a_2(t_2 - t_1) = 8{,}0\,\mathrm{m\,s^{-1}} + 0{,}10\,\mathrm{m\,s^{-2}} \cdot 40\,\mathrm{s} = \underline{\underline{12\,\mathrm{m\,s^{-1}}}}$

$v_3 = v_2 = \underline{\underline{12\,\mathrm{m\,s^{-1}}}}$

Andere Ermittlung der Geschwindigkeiten:
Die Geschwindigkeiten lassen sich aus den Flächen im t-a-Diagramm entnehmen:
Aus der 1. Rechteckfläche folgt:
$v_1 = a_1 t_1 = 0{,}40 \text{ m s}^{-2} \cdot 20 \text{ s} = \underline{\underline{8{,}0 \text{ m s}^{-1}}}$
Aus der 2. Rechteckfläche ergibt sich:
$v_2 - v_1 = a_2(t_2 - t_1) = 0{,}10 \text{ m s}^{-2} \cdot (60 \text{ s} - 20 \text{ s}) = 4{,}0 \text{ m s}^{-1}$
Mit $v_1 = 8{,}0 \text{ m s}^{-1}$ folgt daraus:
$v_2 = \underline{\underline{12 \text{ m s}^{-1}}}$
$v_3 = v_2 = \underline{\underline{12 \text{ m s}^{-1}}}$

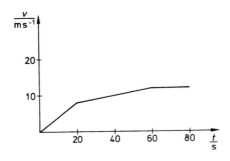

b) Bezeichnungen:
$x_1 = x(20 \text{ s}); \quad x_2 = x(60 \text{ s}); \quad x_3 = x(80 \text{ s})$

Lösung mit Hilfe des t-v-Diagramms
Dem t-v-Diagramm in Teilaufgabe a) ist zu entnehmen:
$x_1 = \tfrac{1}{2} v_1 t_1 = \tfrac{1}{2} \cdot 8{,}0 \text{ m s}^{-1} \cdot 20 \text{ s} = \underline{\underline{80 \text{ m}}}$ (Dreieckfläche)

$x_2 - x_1 = \dfrac{v_1 + v_2}{2} \cdot (t_2 - t_1) = \dfrac{8{,}0 \text{ m s}^{-1} + 12 \text{ m s}^{-1}}{2} \cdot (60 \text{ s} - 40 \text{ s}) = 400 \text{ m}$
(Trapezfläche)

Mit $x_1 = 80 \text{ m}$ ergibt sich daraus:
$x_2 = 480 \text{ m} = \underline{\underline{0{,}48 \text{ km}}}$
$x_3 - x_2 = v_2(t_3 - t_2) = 12 \text{ m s}^{-1} \cdot (80 \text{ s} - 60 \text{ s}) = 240 \text{ m}$ (Rechteckfläche)
Mit $x_2 = 480 \text{ m}$ ergibt sich daraus:
$x_3 = 720 \text{ m} = \underline{\underline{0{,}72 \text{ km}}}$

Andere Ermittlung der zurückgelegten Wege:

$x_1 = \frac{1}{2} a_1 t_1^2 = 0{,}20 \text{ m s}^{-2} \cdot (20 \text{ s})^2 = \underline{\underline{80 \text{ m}}}$

$x_2 = x_1 + v_1(t_2 - t_1) + \frac{1}{2} a_2 (t_2 - t_1)^2$

$x_2 = 80 \text{ m} + 8{,}0 \text{ m s}^{-1} \cdot 40 \text{ s} + \frac{1}{2} \cdot 0{,}10 \text{ m s}^{-2} \cdot (40 \text{ s})^2$

$x_2 = 80 \text{ m} + 320 \text{ m} + 80 \text{ m} = 480 \text{ m} = \underline{\underline{0{,}48 \text{ km}}}$

$x_3 = x_2 + v_2(t_3 - t_2) = 480 \text{ m} + 12 \text{ m s}^{-1} \cdot 20 \text{ s} = \underline{\underline{0{,}72 \text{ km}}}$

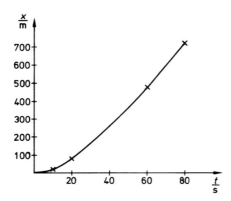

❻ Aus $v^2 - v_0^2 = 2 a_0 x$ ergibt sich mit $v_0 = 0$:

$v = \sqrt{2 a_0 x}$

$v = \sqrt{2 \cdot 4{,}5 \cdot 10^5 \text{ m s}^{-2} \cdot 0{,}80 \text{ m}} = 8{,}5 \cdot 10^2 \text{ m s}^{-1} = \underline{\underline{3{,}1 \cdot 10^3 \text{ km h}^{-1}}}$

Mit $v = a_0 t$ ergibt sich daraus:

$t = \dfrac{v}{a_0} = \dfrac{8{,}5 \cdot 10^2 \text{ m s}^{-1}}{4{,}5 \cdot 10^5 \text{ m s}^{-2}} = 1{,}9 \cdot 10^{-3} \text{ s} = \underline{\underline{1{,}9 \text{ ms}}}$

❼ a)

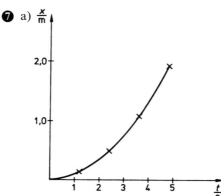

b) *Vermutung:* Es liegt eine Bewegung mit konstanter Beschleunigung ohne Anfangsgeschwindigkeit vor.

Aus $x = \frac{1}{2} a_0 t^2$ folgt: $a_0 = \frac{2x}{t^2}$

Daraus ergibt sich für die jeweiligen Beschleunigungen:

$a_1 = \frac{2x_1}{t_1^2} = \frac{2 \cdot 0{,}12 \text{ m}}{(1{,}2 \text{ s})^2} = 0{,}17 \text{ m s}^{-2}$

$a_2 = \frac{2x_2}{t_2^2} = \frac{2 \cdot 0{,}48 \text{ m}}{(2{,}4 \text{ s})^2} = 0{,}17 \text{ m s}^{-2}$

$a_3 = \frac{2x_3}{t_3^2} = \frac{2 \cdot 1{,}08 \text{ m}}{(3{,}6 \text{ s})^2} = 0{,}17 \text{ m s}^{-2}$

$a_4 = \frac{2x_4}{t_4^2} = \frac{2 \cdot 1{,}92 \text{ m}}{(4{,}8 \text{ s})^2} = 0{,}17 \text{ m s}^{-2}$

Es handelt sich also um eine Bewegung mit konstanter Beschleunigung ohne Anfangsgeschwindigkeit.

c) Mit $v(t) = a_0 t$ erhält man:
   a) $v(3{,}0 \text{ s}) = 0{,}167 \text{ m s}^{-2} \cdot 3{,}0 \text{ s} = \underline{\underline{0{,}50 \text{ m s}^{-1}}}$
   $v(4{,}8 \text{ s}) = 0{,}167 \text{ m s}^{-2} \cdot 4{,}8 \text{ s} = \underline{\underline{0{,}80 \text{ m s}^{-1}}}$
   b) Aus $v(3{,}0 \text{ s}) = 0{,}50 \text{ m s}^{-1}$ ergibt sich wegen $t \sim v$:
   $t' = 4 \cdot 3{,}0 \text{ s} = \underline{\underline{12 \text{ s}}}$
   $t'' = \underline{\underline{n \cdot 3{,}0 \text{ s}}}$

❽ *Vorbemerkung:* Zum Zeitpunkt $t = 0{,}10 \text{ s}$ brannte der Funkenschreiber den Markierungspunkt noch fast am Ort $x = 0$ ein.

Dem Meßstreifen sind die folgenden Werte zu entnehmen; die Berechnung der Beschleunigung mit $a_0 = \frac{2x}{t^2}$ ist etwa für den Abschnitt zwischen 0,80 s und 2,0 s physikalisch sinnvoll. (Für kleinere Zeiten wirkt sich die Ableseungenauigkeit zu stark aus, ab etwa 2,0 s geht die Bewegung in eine Bewegung mit konstanter Geschwindigkeit über.)

$\frac{t}{0{,}10 \text{ s}}$	1	...	8	9	10	11	12	13	14	15	16	17	18	19	20
$\frac{x}{\text{mm}}$	0		15	19	23	28	33	38	44	50	57	64	71	79	87
$\frac{a_0}{\text{mm s}^{-2}}$			47	47	46	46	46	45	45	44	44	44	44	44	44

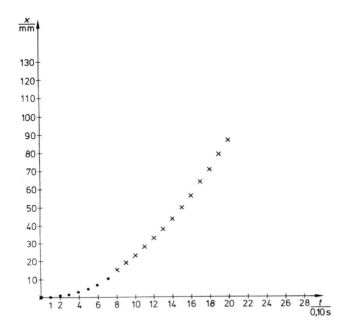

❾ Lösung siehe Anhang

Offene Aufgabenstellung

Zuerst mißt man mit dem Maßband die Zuglänge x_0. Beim Anfahren des Zuges mißt man mit der Stoppuhr die Zeit t_0, die vergeht, bis das Zugende den Ort A passiert.

Aus $x = \dfrac{a_0}{2} t^2$ ergibt sich:

$$a_0 = \frac{2x_0}{t_0^2}$$

Mit $v(t) = a_0 t$ erhält man:

$$v(t_0) = a_0 \cdot t_0$$

$$v(t_0) = \frac{2x_0}{t_0^2} \cdot t_0$$

$$v(t_0) = \frac{2x_0}{t_0}$$

Dabei ist $v(t_0)$ die Geschwindigkeit, mit der das Zugende die Stelle A passiert.

Aufgaben in 1.3.6 Lehrbuch S. 21

❶ a)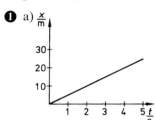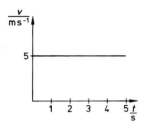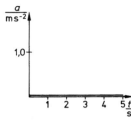

b)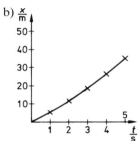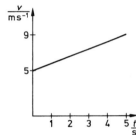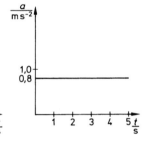

c)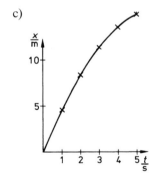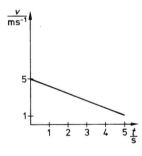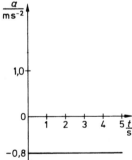

$$x(t) = v_0 t + \tfrac{1}{2} a_0 t^2 = 5\,\mathrm{m\,s^{-1}} \cdot t - 0{,}4\,\mathrm{m\,s^{-2}} \cdot t^2$$
$$v(t) = v_0 + a_0 t = 5\,\mathrm{m\,s^{-1}} - 0{,}8\,\mathrm{m\,s^{-2}} \cdot t$$
$$a(t) = a_0 = -0{,}8\,\mathrm{m\,s^{-2}}$$

❷ *Lösung mit den Bewegungsgleichungen*

Aus $v^2 - v_0^2 = 2a_0 x$ folgt: $(v - v_0)(v + v_0) = 2a_0 x$
Mit $v = v_0 + a_0 t$ ergibt sich:

$$a_0 t(v + v_0) = 2a_0 x$$

$$v + v_0 = \frac{2x}{t}$$

$$v_0 = \frac{2x}{t} - v = \frac{2 \cdot 460 \text{ m}}{20 \text{ s}} - 18 \text{ m s}^{-1} = \underline{\underline{28 \text{ m s}^{-1}}}$$

Damit ergibt sich aus $v = v_0 + a_0 t$:

$$a_0 = \frac{v - v_0}{t} = \frac{18 \text{ m s}^{-1} - 28 \text{ m s}^{-1}}{20 \text{ s}} = \underline{\underline{-0{,}50 \text{ m s}^{-2}}}$$

Lösung über die Trapezfläche im zugehörigen t-v-Diagramm

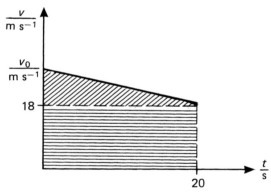

Die Trapezfläche ist ein Maß für die zurückgelegte Strecke:

$20 \text{ s} \cdot 18 \text{ m s}^{-1} + \frac{1}{2} \cdot 20 \text{ s} \cdot (v_0 - 18 \text{ m s}^{-1}) = 0{,}46 \text{ km}$
$360 \text{ m} + 10 \text{ s} \cdot v_0 - 180 \text{ m} = 460 \text{ m}$
$10 \text{ s} \cdot v_0 = 280 \text{ m}$
$\underline{\underline{v_0 = 28 \text{ m s}^{-1}}}$

Mit $a_0 = \dfrac{\Delta v}{\Delta t}$ ergibt sich:

$$a_0 = \frac{18 \text{ m s}^{-1} - 28 \text{ m s}^{-1}}{20 \text{ s}} = \underline{\underline{-0{,}50 \text{ m s}^{-2}}}$$

❸ Aus $v = v_0 + a_0 t$ und $v^2 - v_0^2 = 2 a_0 x$ folgt:

$$t = \frac{v - v_0}{a_0} = \frac{(v - v_0) \cdot 2x}{v^2 - v_0^2} = \frac{2x}{v + v_0}$$

$$t = \frac{2 \cdot 30 \text{ m}}{5 \text{ km h}^{-1} + 65 \text{ km h}^{-1}} = \frac{60 \text{ m} \cdot 3{,}6}{70 \text{ m s}^{-1}} = \underline{\underline{3{,}1 \text{ s}}}$$

(Die Aufgabe läßt sich auch über die Trapezfläche im zugehörigen t-v-Diagramm lösen.)

❹ a) Bis zur 15. Sekunde liegt eine Bewegung mit konstanter Beschleunigung ohne Anfangsgeschwindigkeit vor, anschließend erfolgt die Bewegung mit konstanter Geschwindigkeit; ab der 25. Sekunde ist die Bewegung konstant verzögert bis zum Stillstand bei $t = 30$ s.

b) Aus $v = v_0 + a_0 t$ ergibt sich:

I   Für $0 \leq t \leq 15$ s: $a_\text{I} = \dfrac{\Delta v}{\Delta t} = \dfrac{12 \text{ m s}^{-1} - 0}{15 \text{ s}} = \dfrac{4}{5} \text{ m s}^{-2}$

II   Für $15 \text{ s} < t < 25 \text{ s}$: $a_\text{II} = 0$

III   Für $25 \text{ s} \leq t \leq 30 \text{ s}$: $a_\text{III} = \dfrac{\Delta v}{\Delta t} = \dfrac{0 - 12 \text{ m s}^{-1}}{5 \text{ s}} = -\dfrac{12}{5} \text{ m s}^{-2}$

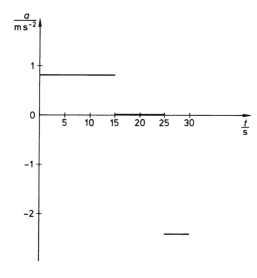

c) Aus $x = \frac{1}{2}a_0 t^2$ folgt:

$x(0) = 0$

$x(5\,\text{s}) = \frac{1}{2} \cdot \frac{4}{5}\,\text{m s}^{-2} \cdot (5\,\text{s})^2 = 10\,\text{m}$

$x(10\,\text{s}) = \frac{1}{2} \cdot \frac{4}{5}\,\text{m s}^{-2} \cdot (10\,\text{s})^2 = 40\,\text{m}$

$x(15\,\text{s}) = \frac{1}{2} \cdot \frac{4}{5}\,\text{m s}^{-2} \cdot (15\,\text{s})^2 = 90\,\text{m}$

Aus $x = x_0 + v_0 t$ folgt:

$x(20\,\text{s}) = x(15\,\text{s}) + v(15\,\text{s}) \cdot 5\,\text{s} = 90\,\text{m} + 12\,\text{m s}^{-1} \cdot 5\,\text{s} = 150\,\text{m}$

$x(25\,\text{s}) = 90\,\text{m} + 12\,\text{m s}^{-1} \cdot 10\,\text{s} = 210\,\text{m}$

Aus $x = x_0 + v_0 t + \frac{1}{2} a_0 t^2$ folgt:

$x(30\,\text{s}) = x(25\,\text{s}) + v(25\,\text{s}) \cdot 5\,\text{s} + \frac{1}{2} \cdot (-\frac{12}{5}\,\text{m s}^{-2}) \cdot (5\,\text{s})^2$

$x(30\,\text{s}) = 210\,\text{m} + 12\,\text{m s}^{-1} \cdot 5\,\text{s} - \frac{6}{5}\,\text{m s}^{-2} \cdot 25\,\text{s}^2 = 240\,\text{m}$

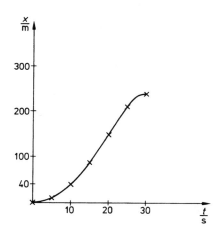

(Die Aufgabe läßt sich auch durch Berechnung der Flächen im t-v-Diagramm lösen.)

5 Aus $v = v_0 + a_0 t$ ergibt sich:

$v(20\,\text{s}) = 0{,}40\,\text{m s}^{-2} \cdot 20\,\text{s} = 8{,}0\,\text{m s}^{-1}$

$v(60\,\text{s}) = v(20\,\text{s}) + (-0{,}40\,\text{m s}^{-2}) \cdot 40\,\text{s} = 8{,}0\,\text{m s}^{-1} - 16\,\text{m s}^{-1}$

$v(60\,\text{s}) = -8{,}0\,\text{m s}^{-1}$

$v(80\,\text{s}) = v(60\,\text{s}) + 0{,}40\,\text{m s}^{-2} \cdot 20\,\text{s} = -8{,}0\,\text{m s}^{-1} + 8{,}0\,\text{m s}^{-1} = 0$

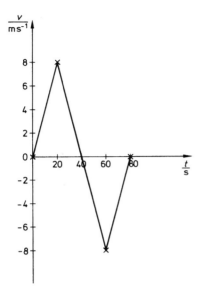

6 a) Die Strecke, die das Auto in 3,0 s zurücklegt, ergibt sich aus $x = v_0 t$:
$$x = 54 \text{ km h}^{-1} \cdot 3,0 \text{ s} = \frac{54}{3,6} \text{ m s}^{-1} \cdot 3,0 \text{ s} = 45 \text{ m}$$
Das Auto würde also die Ampel noch vor dem Gelb-Rot-Wechsel erreichen.

b) Nach der Reaktionszeit 1,0 s bleiben zum Bremsen noch 2,0 s.
Aus $v = v_0 + a_0 t$ ergibt sich:
$$a_0 = \frac{v - v_0}{t}$$
$$a_0 = \frac{0 - \frac{54}{3,6} \text{ m s}^{-1}}{2,0 \text{ s}} = -7,5 \text{ m s}^{-2}$$
Die mittlere Verzögerung war $\underline{\underline{7,5 \text{ m s}^{-2}}}$.
Der Bremsweg ergibt sich aus $v^2 - v_0^2 = 2 a_0 x$:
$$x = \frac{v^2 - v_0^2}{2 a_0}$$
$$x = \frac{0 - (\frac{54}{3,6} \text{ m s}^{-1})^2}{2 \cdot (-7,5 \text{ m s}^{-2})} = 15 \text{ m}$$
Da das Auto in der Reaktionszeit 1,0 s bereits die Strecke 15 m zurückgelegt hatte, war die tatsächliche Entfernung des Autos zur Ampel beim Grün-Gelb-Wechsel $\underline{\underline{30 \text{ m}}}$.

❼ Der Experimentator wählt auf der geradlinigen Strecke Wegmarken x_1, x_2, x_3, ... und mißt die zugehörigen Zeiten t_1, t_2, t_3, ..., die der Körper braucht, um vom Startpunkt ($x_0 = 0$; $t_0 = 0$) dorthin zu gelangen.

1. Fall: $v_0 = 0$
Der Körper startet ohne Anfangsgeschwindigkeit.
Nach $x = \frac{1}{2} a_0 t^2$ bestimmt man $a_0 = \frac{2x}{t^2}$.

Ist $\frac{2x_1}{t_1^2} = \frac{2x_2}{t_2^2} = \frac{2x_3}{t_3^2} = \ldots =$ konstant, dann erfolgt die Bewegung mit konstanter Beschleunigung.

2. Fall: $v_0 \neq 0$
Der Körper startet mit einer dem Experimentator bekannten Anfangsgeschwindigkeit v_0.
Nach $x = \frac{1}{2} a_0 t^2 + v_0 t$ bestimmt man $a_0 = \frac{2x}{t^2} - \frac{2v_0}{t}$.

Ist $\frac{2x_1}{t_1^2} - \frac{2v_0}{t_1} = \frac{2x_2}{t_2^2} - \frac{2v_0}{t_2} = \frac{2x_3}{t_3^2} - \frac{2v_0}{t_3} = \ldots =$ konstant, dann erfolgt die Bewegung mit konstanter Beschleunigung.

3. Fall: v_0 ist unbekannt
Der Experimentator weiß nicht, mit welcher Anfangsgeschwindigkeit v_0 der Körper startet.
Man nimmt an, die Bewegung erfolgt nach der Zeit-Ort-Funktion $x = \frac{1}{2} a_0 t^2 + v_0 t$ und berechnet v_0 aus zwei Meßwertpaaren (x_1; t_1) und (x_2; t_2) unter der Annahme gleicher Beschleunigung a_0:

$$\frac{2x_1}{t_1^2} - \frac{2v_0}{t_1} = \frac{2x_2}{t_2^2} - \frac{2v_0}{t_2} \quad \bigg| \cdot \frac{t_2^2 t_1^2}{2}$$

$$x_1 t_2^2 - v_0 t_1 t_2^2 = x_2 t_1^2 - v_0 t_1^2 t_2$$

$$v_0 t_1^2 t_2 - v_0 t_1 t_2^2 = x_2 t_1^2 - x_1 t_2^2$$

$$v_0 t_1 t_2 (t_1 - t_2) = x_2 t_1^2 - x_1 t_2^2$$

$$v_0 = \frac{x_2 t_1^2 - x_1 t_2^2}{t_1 t_2 (t_1 - t_2)}$$

Sind mit diesem v_0 die Terme $\frac{2x_n}{t_n^2} - \frac{2v_0}{t_n}$ für alle Meßwertpaare ($n = 1, 2, 3, \ldots$) gleich, dann erfolgt die Bewegung mit konstanter Beschleunigung.

Die Bewegung kann auch mit speziellen Meßgeräten registriert werden:

a) *Bewegungsmeßwandler*
Verwendet der Experimentator den Bewegungsmeßwandler – vorausgesetzt der Körper bewegt sich längs der Luftkissenbahn – dann liefert *bei konstanter Beschleunigung z. B. der t-v-Ausgang* auf dem angeschlossenen Schreiber eine Nullpunktsgerade, wenn $v_0 = 0$, bzw. eine um v_0 nach oben verschobene Gerade, wenn $v_0 \neq 0$ ist.

b) *Stroboskopische Registrierung*
Liegt vom Bewegungsverlauf eine stroboskopische Aufnahme vor, dann kann man diese Aufnahme dazu verwenden, eine x-t-Wertetabelle zu erstellen und dann so verfahren, wie auf S. 24 gezeigt.

c) *Tachometer* (Geschwindigkeitsmesser)
Beim Pkw-Start kann der Beifahrer, z. B. alle 2 Sekunden die Geschwindigkeit am Tachometer ablesen.

Nach $v = a_0 t$ ergibt sich: $a_0 = \dfrac{v}{t}$

Ist dann $\dfrac{v_1}{t_1} = \dfrac{v_2}{t_2} = \ldots =$ konstant, dann erfolgt die Bewegung des Pkw in der Startphase mit konstanter Beschleunigung.

Aufgaben in 1.3.7 Lehrbuch S. 24 und 25

❶ Mit $t_e = \dfrac{\Delta x}{v_{rel}} = \dfrac{\Delta x}{v_2 - v_1}$ (s. LB S. 23) erhält man die Überholzeit.
Die Überholstrecke $x(t_e)$ ist dann mit $x(t_e) = v_2 t_e$:

$$x(t_e) = v_2 \frac{\Delta x}{v_2 - v_1} = 100 \text{ km h}^{-1} \frac{0{,}050 \text{ km}}{100 \text{ km h}^{-1} - 80 \text{ km h}^{-1}} = \underline{0{,}25 \text{ km}}$$

❷ 1. *Teil des Überholvorgangs* (Beschleunigung von 80 km h^{-1} auf 100 km h^{-1}):
Für die Strecke x_1, die das schnellere Auto in 3,0 s bei der Beschleunigung zurücklegt, ergibt sich mit $x = v_0 t + \tfrac{1}{2} a_0 t^2$ und $a_0 = \dfrac{\Delta v}{\Delta t}$:

$$x_1 = \frac{80}{3{,}6} \text{ m s}^{-1} \cdot 3{,}0 \text{ s} + \frac{1}{2} \frac{(100 - 80) \text{ m s}^{-1}}{3{,}6 \cdot 3{,}0 \text{ s}} \cdot (3{,}0 \text{ s})^2$$

$$x_1 = 66{,}7 \text{ m} + 8{,}3 \text{ m} = 75 \text{ m}$$

In diesen 3,0 s legt das langsamere Auto nur $\frac{80}{3,6}$ m s$^{-1}\cdot$ 3,0 s = 66,7 m zurück.
Das schnellere Auto hat deshalb von den zusätzlichen 50 m bereits 8,3 m zurückgelegt.

2. *Teil des Überholvorgangs* (Überholung mit konstanter Geschwindigkeit 100 km h^{-1}):
Bis zum Ende des Überholvorgangs muß das schnellere Auto noch um $\Delta x = 50$ m $- 8{,}3$ m $= 41{,}7$ m mehr zurücklegen als das langsamere Auto, das immer mit der konstanten Geschwindigkeit 80 km h^{-1} fährt.
Das schnellere Auto hat bis zum Ende des Überholvorgangs noch den Weg
$$x_2 = v_2 \cdot \frac{\Delta x}{v_2 - v_1}$$
(Herleitung z. B. in Aufgabe ❶) zurückzulegen.

Damit ergibt sich für die gesamte Überholstrecke, die das schnellere Auto dabei zurücklegt:
$$x_g = x_1 + x_2 = x_1 + v_2 \cdot \frac{\Delta x}{v_2 - v_1}$$
$$x_g = 75 \text{ m} + 100 \text{ km h}^{-1} \cdot \frac{41{,}7 \text{ m}}{100 \text{ km h}^{-1} - 80 \text{ km h}^{-1}} = \underline{\underline{0{,}28 \text{ km}}}$$

❸

	Radfahrer	Auto
Geschwindigkeit	$v_R = 18$ km h^{-1} = 5,0 m s^{-1}	$v_A = 0{,}70$ m s$^{-2}\cdot t$
Weg	$x_R(t) = v_R \cdot (t + \Delta t)$ 5,0 m s$^{-1}\cdot (t + 15$ s$)$	$x_A(t) = \frac{1}{2}at^2$ $\frac{1}{2} \cdot 0{,}70$ m s$^{-2}\cdot t^2$

Wenn das Auto den Radfahrer gerade überholt, gilt:
$$x_A(t) = x_R(t)$$
Daraus findet man für die Zeit t, die das Auto bis zum Überholen benötigt:
$\frac{1}{2} \cdot 0{,}70$ m s$^{-2}\cdot t^2 = 5{,}0$ m s$^{-1}\cdot (t + 15$ s$)$ $\quad | : 5{,}0$ m
$0{,}070$ s$^{-2}\cdot t^2 - 1$ s$^{-1}\cdot t - 15 = 0$
$$t_{1,2} = \frac{1 \text{ s}^{-1} \pm \sqrt{(-1 \text{ s}^{-1})^2 - 4\cdot 0{,}07 \text{ s}^{-2}\cdot(-15)}}{2\cdot 0{,}07 \text{ s}^{-2}} = \frac{1 \pm 2{,}28}{0{,}14}\text{ s}$$
$\underline{\underline{t_1 = 23 \text{ s}}} \qquad t_2 = -9{,}1$ s (nicht brauchbar!)

Damit ergibt sich für die Relativgeschwindigkeit v_{rel}, mit der das Auto den Radfahrer überholt:
$$v_{rel} = v_A - v_R = a_0 t_1 - v_R = 0{,}70 \text{ m s}^{-2}\cdot 23 \text{ s} - 5{,}0 \text{ m s}^{-1} = \underline{\underline{11 \text{ m s}^{-1}}}$$

Das Auto überholt den Radfahrer nach 23 s mit der Relativgeschwindigkeit 11 m s^{-1}.

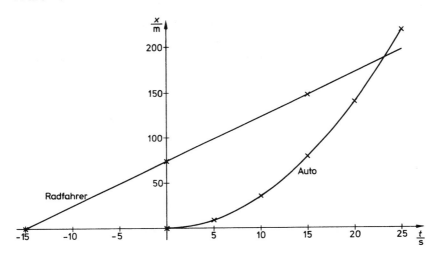

❹

Für die Fahrzeit t, in der das schnellere Fahrzeug B das langsamere Fahrzeug A einholt, gilt mit $x = \frac{1}{2} a_0 t$ und $x_B = x_A + 100$ m:

$\frac{1}{2} a_B t^2 = \frac{1}{2} a_A t^2 + 100$ m

$t^2 (a_B - a_A) = 200$ m

$t = \sqrt{\dfrac{200 \text{ m}}{1{,}0 \text{ m s}^{-2} - 0{,}80 \text{ m s}^{-2}}} = \sqrt{\dfrac{200 \text{ m}}{0{,}20 \text{ m s}^{-2}}} = \sqrt{1000 \text{ s}^2} = 31{,}6 \text{ s}$

Damit ergibt sich:

$x_A = \frac{1}{2} a_A t^2 = \frac{1}{2} \cdot 0{,}80 \text{ m s}^{-2} \cdot 1000 \text{ s}^2 = \underline{\underline{0{,}40 \text{ km}}}$

Das langsamere Fahrzeug wird 0,40 km von seinem Startpunkt entfernt vom schnelleren Fahrzeug überholt.

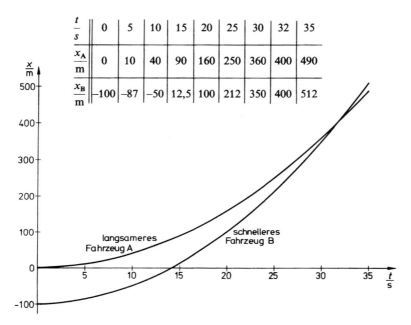

5 a) Aus $v = v_0 + a_0 t$ ergibt sich die Anfangsgeschwindigkeit:
$v_0 = v - a_0 t = 0 - (-7{,}2 \text{ m s}^{-2}) \cdot 3{,}0 \text{ s} = 21{,}6 \text{ m s}^{-1} = \underline{\underline{78 \text{ km h}^{-1}}}$
Mit $x = v_0 t + \frac{1}{2} a_0 t^2$ erhält man den Bremsweg:
$x = 21{,}6 \text{ m s}^{-1} \cdot 3{,}0 \text{ s} + \frac{1}{2} \cdot (-7{,}2 \text{ m s}^{-2}) \cdot (3 \text{ s})^2 = \underline{\underline{32 \text{ m}}}$
b) $x = v_0 t = 21{,}6 \text{ m s}^{-1} \cdot 1{,}0 \text{ s}$
$x = \underline{\underline{22 \text{ m}}}$

6 Für die Überholzeit t_e gilt nach LB S. 23:
$t_e = \dfrac{\Delta x}{v_{\text{rel}}}$
$t_e = \dfrac{18 \text{ m} + 14 \text{ m} + 20 \text{ m} + 20 \text{ m}}{85 \text{ km h}^{-1} - 80 \text{ km h}^{-1}} = \dfrac{72}{5} \cdot 3{,}6 \text{ s} = \underline{\underline{52 \text{ s}}}$
Für die Überholstrecke $x(t_e)$ gilt nach LB s. 23:
$x(t_e) = \dfrac{v_2}{v_r} \Delta x$
$x(52 \text{ s}) = \dfrac{85 \text{ km h}^{-1}}{5 \text{ km h}^{-1}} \cdot 72 \text{ m} = \underline{\underline{1{,}2 \text{ km}}}$

❼ Ein Fahrzeug fahre mit der konstanten Geschwindigkeit:
$v_0 = z \, \text{km h}^{-1} = \dfrac{z}{3{,}6} \, \text{m s}^{-1}$

a) In der Reaktionszeit $t = 1{,}0 \, \text{s}$ ist der Reaktionsweg:

$$x = v_0 t = z \, \text{km h}^{-1} \cdot 1{,}0 \, \text{s} = \dfrac{z}{3{,}6} \, \text{m s}^{-1} \cdot 1{,}0 \, \text{s} = \dfrac{z}{3{,}6} \, \text{m} = \underline{\underline{0{,}28 z \, \text{m}}}$$

Nach der Faustregel gilt:

$$x = \left(\dfrac{z}{10} \cdot 3\right) \text{m} = \underline{\underline{0{,}30 z \, \text{m}}}$$

Beide Werte stimmen etwa überein.

b) Für den Bremsweg y gilt nach der Faustregel:

$$y = \dfrac{z}{10} \cdot \dfrac{z}{10} \, \text{m} = \dfrac{z^2}{100} \, \text{m}$$

Für die Mindestverzögerung ergibt sich aus $v^2 - v_0^2 = 2 a_0 y$ mit $v = 0$:

$$a_0 = \dfrac{-v_0^2}{2y} = \dfrac{-\left(\dfrac{z}{3{,}6} \, \text{m s}^{-1}\right)^2}{2 \cdot \dfrac{z^2}{100} \, \text{m}} = -3{,}9 \, \text{m s}^{-2}$$

Die Mindestverzögerung ist $\underline{\underline{3{,}9 \, \text{m s}^{-2}}}$.

c)

❽ a) Sicherheitsabstand:

$$x_s = v \cdot 1{,}5\,\text{s} = z\,\text{km}\,\text{h}^{-1} \cdot 1{,}5\,\text{s} = \frac{z}{3{,}6}\,\text{m}\,\text{s}^{-1} \cdot 1{,}5\,\text{s} = \underline{\underline{0{,}42\,z\,\text{m}}}$$

Nach der Faustregel gilt: $\quad x = \frac{1}{2}z\,\text{m} = \underline{\underline{0{,}50\,z\,\text{m}}}$

Beide Werte stimmen annähernd überein.

„Halber Tacho" bedeutet: Fahren zwei Fahrzeuge je mit der Geschwindigkeit $v_0 = z\,\text{km}\,\text{h}^{-1}$, so muß der Sicherheitsabstand $x_s = \frac{1}{2}z\,\text{m}$ betragen. Zum Beispiel beträgt bei $v_0 = 100\,\text{km}\,\text{h}^{-1}$ der Sicherheitsabstand $x_s = 50\,\text{m}$.

b) Aus $v^2 - v_0^2 = 2a_0 x$ ergibt sich mit $v = 0$ und $a_1 = -6{,}0\,\text{m}\,\text{s}^{-2}$ bzw. $a_2 = -4{,}0\,\text{m}\,\text{s}^{-2}$ für den Bremsweg des

vorausfahrenden Autos: $\quad x_1 = \dfrac{-v_0^2}{2a_1} = \dfrac{-\left(\dfrac{60}{3{,}6}\,\text{m}\,\text{s}^{-1}\right)^2}{2\cdot(-6{,}0\,\text{m}\,\text{s}^{-2})} = 23{,}15\,\text{m}$

nachfolgenden Autos: $\quad x_2 = \dfrac{-v_0^2}{2a_2} = \dfrac{-\left(\dfrac{60}{3{,}6}\,\text{m}\,\text{s}^{-1}\right)^2}{2\cdot(-40\,\text{m}\,\text{s}^{-2})} = 34{,}72\,\text{m}$

Wegen der zusätzlichen Strecke während der Schrecksekunde ergibt sich für den notwendigen Mindestabstand:

$$x = \frac{60}{3{,}6}\,\text{m}\,\text{s}^{-1} \cdot 1{,}0\,\text{s} + (34{,}72\,\text{m} - 23{,}15\,\text{m}) = \underline{\underline{28\,\text{m}}}$$

Dieser Mindestabstand stimmt mit dem Sicherheitsabstand nach der Faustregel (30 m Sicherheitsabstand bei der Geschwindigkeit $60\,\text{km}\,\text{h}^{-1}$) annähernd überein.

2 Gesetze von Newton und ihre Anwendungen

2.1 1. Gesetz von Newton (Trägheitssatz)

Aufgaben in 2.1.3 Lehrbuch S. 28

❶ a) Beim Anfahren des Fahrzeugs wird der Autofahrer in die Lehne des Sitzes gedrückt, da der Autofahrer so lange in Ruhe bleibt, bis die beschleunigende Kraft infolge genügend fester Verbindung mit dem Wagen, z. B. über Sitz und Lehne, an ihm angreift.

Beim Bremsen des Fahrzeugs wird der Autofahrer im Auto nach vorne bewegt, da sein Körper die größere Geschwindigkeit beibehält, bis die bremsende Kraft über eine feste Verbindung mit dem Wagen, z. B. über den Sicherheitsgurt, an ihm angreift.

Während der Geradeausfahrt mit konstanter Geschwindigkeit hat der Fahrer dieselbe konstante Geschwindigkeit wie das Auto. Er wird im Fahrzeug weder nach hinten noch nach vorne bewegt.

b) Der Sicherheitsgurt verhindert, daß der Autofahrer infolge seiner Trägheit nach vorne geschleudert wird, wenn das Auto plötzlich stark abgebremst wird (z. B. durch Auffahren auf das vorausfahrende bremsende Fahrzeug).

Wie der Sicherheitsgurt bewirkt auch der Airbag, daß der Autofahrer nicht infolge seiner Trägheit nach vorne geschleudert wird, wenn das Auto auf ein Hindernis prallt. Insbesondere bewirkt der Airbag dabei, daß der Kopf des Autofahrens nicht auf bzw. durch die Windschutzscheibe schlägt.

Die Genickstütze verhindert, daß der Kopf des Autofahrers infolge seiner Trägheit zu weit nach hinten bewegt wird, wenn das Auto plötzlich stark beschleunigt wird (z. B. durch Auffahren des nachfolgenden Fahrzeugs).

❷ Das Fahrzeug kann die Kurve nicht „nehmen"; es bewegt sich geradlinig weiter. Wegen der Glätte fehlt die notwendige Reibungskraft zwischen Straße und Reifen; ohne Krafteinwirkung ist ein Abweichen von der geradlinigen Bewegung wegen der Trägheit nicht möglich.

2.2 2. Gesetz von Newton (Grundgesetz der Mechanik)

Aufgaben in 2.2.3 \hfill Lehrbuch S. 32 bis 34

❶ Aus $x = \frac{1}{2}at^2$ folgt: $a = \dfrac{2x}{t^2}$

Damit ergeben sich folgende Werte:

$$a_1 = \frac{2x}{t_1^2} = \frac{2 \cdot 50{,}0 \text{ cm}}{(4{,}47 \text{ s})^2} = 5{,}00 \text{ cm s}^{-2} = \underline{\underline{5{,}00 \cdot 10^{-2} \text{ m s}^{-2}}}$$

$$a_2 = \frac{2x}{t_2^2} = \frac{2 \cdot 50{,}0 \text{ cm}}{(3{,}18 \text{ s})^2} = \underline{\underline{9{,}89 \cdot 10^{-2} \text{ m s}^{-2}}}$$

$$a_3 = \frac{2x}{t_3^2} = \frac{2 \cdot 50{,}0 \text{ cm}}{(2{,}59 \text{ s})^2} = \underline{\underline{0{,}149 \text{ m s}^{-2}}}$$

$$a_4 = \frac{2x}{t_4^2} = \frac{2 \cdot 50{,}0 \text{ cm}}{(2{,}24 \text{ s})^2} = \underline{\underline{0{,}199 \text{ m s}^{-2}}}$$

Aus $F = ma$ folgt: $m = \dfrac{F}{a}$

Mit den Meßwerten für F und den errechneten Werten für a ergibt sich:

$$\frac{F_1}{a_1} = \frac{0{,}100 \text{ N}}{5{,}00 \cdot 10^{-2} \text{ m s}^{-2}} = \frac{10{,}0}{5{,}00} \frac{\text{kg m}}{\text{s}^2 \text{ m s}^{-2}} = 2{,}00 \text{ kg}$$

$$\frac{F_2}{a_2} = \frac{0{,}200 \text{ N}}{9{,}89 \cdot 10^{-2} \text{ m s}^{-2}} = 2{,}02 \text{ kg}$$

$$\frac{F_3}{a_3} = \frac{0{,}300 \text{ N}}{0{,}149 \text{ m s}^{-2}} = 2{,}01 \text{ kg}$$

$$\frac{F_4}{a_4} = \frac{0{,}400 \text{ N}}{0{,}199 \text{ m s}^{-2}} = 2{,}01 \text{ kg}$$

Die Ergebnisse für $\dfrac{F}{a}$ bestätigen das 2. Newton-Gesetz:

$$\frac{F}{a} = \text{konstant} = m$$

❷ a) $\dfrac{F_1}{ma_1} = \dfrac{1{,}0 \cdot 9{,}8 \cdot 10^{-3}\,\text{N}}{106 \cdot 10^{-3}\,\text{kg} \cdot 8{,}5 \cdot 10^{-2}\,\text{m s}^{-2}} = 1{,}1$

$\dfrac{F_2}{ma_2} = \dfrac{2{,}0 \cdot 9{,}8 \cdot 10^{-3}\,\text{N}}{106 \cdot 10^{-3}\,\text{kg} \cdot 17 \cdot 10^{-2}\,\text{m s}^{-2}} = 1{,}1$

$\dfrac{F_3}{ma_3} = \dfrac{3{,}0 \cdot 9{,}8 \cdot 10^{-3}\,\text{N}}{106 \cdot 10^{-3}\,\text{kg} \cdot 26 \cdot 10^{-2}\,\text{m s}^{-2}} = 1{,}1$

$\dfrac{F_4}{ma_4} = \dfrac{4{,}0 \cdot 9{,}8 \cdot 10^{-3}\,\text{N}}{106 \cdot 10^{-3}\,\text{kg} \cdot 35 \cdot 10^{-2}\,\text{m s}^{-2}} = 1{,}1$

$\dfrac{F_5}{ma_5} = \dfrac{5{,}0 \cdot 9{,}8 \cdot 10^{-3}\,\text{N}}{106 \cdot 10^{-3}\,\text{kg} \cdot 44 \cdot 10^{-2}\,\text{m s}^{-2}} = 1{,}1$

Die Quotientenwerte sind gleich 1,1. Es sollten sich die Werte 1,0 ergeben. Die Abweichung kann durch Reibung erklärt werden, die eine etwas kleinere Beschleunigung bewirkt. Den Einfluß der Reibung kann man z. B. durch geringe Schrägstellung der Fahrbahn oder durch geringfügige Vergrößerung der beschleunigenden Kraft (durch eine kleine Zusatzmasse zu den Wägestücken) kompensieren.

b) Die beschleunigte Masse m wird durch die Masse der Schnur geringfügig vergrößert. Zu der Masse 106 g kommt nämlich die Masse 0,1 g der Schnur hinzu. Dadurch werden die Quotientenwerte geringfügig verkleinert; im Rahmen der Meßgenauigkeit ist dies jedoch kaum feststellbar. Je weiter der Gleiter gelaufen ist, um so mehr wirkt auch die Gewichtskraft der Schnur als beschleunigende Kraft.

Ein angehängtes Wägestück von 1,0 g bewirkt die beschleunigende Kraft $F_1 = 9{,}8 \cdot 10^{-3}\,\text{N}$. Im Mittel wirkt durch die Schnur eine zusätzliche Kraft von $0{,}5 \cdot 0{,}1\,\text{g} \cdot 9{,}8 \cdot 10^{-3}\,\text{N g}^{-1} = 0{,}49 \cdot 10^{-3}\,\text{N}$. Deshalb werden die Kräfte in Teilaufgabe a) jeweils um etwa 0,5 mN vergrößert. Dadurch werden die Quotientenwerte etwas größer.

❸ $F = ma = 200\,\text{kg} \cdot 6{,}00\,\text{m s}^{-2} = \underline{\underline{1{,}20\,\text{kN}}}$

❹ Aus $F = ma$ erhält man mit $v = at$:

$F = m\dfrac{v}{t} = 80\,\text{kg} \cdot \dfrac{92\,\text{m s}^{-1}}{3{,}6 \cdot 5{,}0\,\text{s}} = \underline{\underline{0{,}41\,\text{kN}}}$

❺ Bei der dynamischen Kraftmessung verwendet man das Kraftgesetz von Newton: $F = ma$
Dabei macht man die Annahme, daß die Bewegung mit konstanter Beschleunigung abläuft.
Um bei einem Fahrzeug die Kraft zu berechnen, müssen die Masse m und die Beschleunigung a bestimmt werden.
Die Masse m setzt sich aus der Leermasse des Fahrzeugs, die man z. B. aus dem Kfz-Schein entnehmen kann, den Massen der Insassen und der Beladung zusammen.

Die Beschleunigung a_0 kann bei einem aus der Ruhe beschleunigten Pkw, z. B. aus $v = a_0 t$ berechnet werden. Dazu gibt man eine bestimmte Geschwindigkeit v_1 vor und mißt die Zeit t_1, die das Fahrzeug braucht, um v_1 zu erreichen. Der Beifahrer beobachtet den Geschwindigkeitsmesser (Tacho) und stoppt die Zeit t_1. Für die Kraft gilt dann: $F = m \dfrac{v_1}{t_1}$

Die Gleichung $x = \frac{1}{2} a_0 t^2$ liefert eine andere Möglichkeit, a_0 zu bestimmen. In diesem Fall gibt man eine bestimmte Fahrstrecke x_2 vor und mißt die zugehörige Fahrzeit t_2. Es kann x_2 entweder am km-Zähler (100 m-Anzeige) oder an Wegmarken am Fahrbahnrand abgelesen werden.

Für die Kraft gilt dann: $F = m \dfrac{2x_2}{t_2^2}$

❻ Aus $v = v_0 + at$ und $F = ma$ ergibt sich:

$v = v_0 + \dfrac{F}{m} t$

$v = 70 \text{ km h}^{-1} + \dfrac{10 \cdot 10^3 \text{ N}}{14 \cdot 10^3 \text{ kg}} \cdot 5{,}0 \text{ s} = 70 \text{ km h}^{-1} + \dfrac{10}{14} \cdot 5{,}0 \cdot 3{,}6 \text{ km h}^{-1}$

$v = \underline{\underline{83 \text{ km h}^{-1}}}$

Der Omnibus hat dann die Geschwindigkeit $\underline{\underline{83 \text{ km h}^{-1}}}$.

❼ a) Aus $v^2 - v_0^2 = 2ax$ ergibt sich mit $v_0 = 0$:

$a = \dfrac{v^2}{2x} = \dfrac{(0{,}80 \text{ m s}^{-1})^2}{2 \cdot 5{,}0 \text{ m}} = \underline{\underline{0{,}064 \text{ m s}^{-2}}}$

b) $F = ma = 3{,}5 \text{ kg} \cdot 0{,}064 \text{ m s}^{-2} = \underline{\underline{0{,}22 \text{ N}}}$

c) Aus $v = at$ ergibt sich:

$t = \dfrac{v}{a} = \dfrac{0{,}80 \text{ m s}^{-1}}{0{,}064 \text{ m s}^{-2}} = \underline{\underline{13 \text{ s}}}$

d) $x = \frac{1}{2}at^2 = \frac{1}{2} \cdot 0{,}064 \text{ m s}^{-2} \cdot (5{,}0 \text{ s})^2 = \underline{\underline{0{,}80 \text{ m}}}$
$v = at = 0{,}064 \text{ m s}^{-2} \cdot 5{,}0 \text{ s} = \underline{\underline{0{,}32 \text{ m s}^{-1}}}$

8 a) Aus $v^2 - v_0^2 = 2ax$ und $F = ma$ ergibt sich mit $v = 0$:
$$F = m\frac{0 - v_0^2}{2x} = 0{,}5 \text{ kg} \cdot \frac{-(\frac{100}{3{,}6} \text{ m s}^{-1})^2}{2 \cdot 0{,}10 \text{ m}} = -2 \text{ kN}$$
Die Bremskraft ist $\underline{\underline{2 \text{ kN}}}$.

b) Aus $F_G = mg$ folgt:
$$m = \frac{F_G}{g} = \underline{\underline{0{,}2 \text{ t}}}$$

9 a) Aus $v = at$ ergibt sich:
$$\bar{a} = \frac{v}{t} = \frac{108 \text{ km h}^{-1}}{12{,}0 \text{ s}} = \frac{108 \text{ m s}^{-1}}{3{,}6 \cdot 12{,}0 \text{ s}} = \underline{\underline{2{,}50 \text{ m s}^{-2}}}$$

b) $\bar{F} = m\bar{a} = 150 \text{ kg} \cdot 2{,}50 \text{ m s}^{-2} = \underline{\underline{375 \text{ N}}}$

c) Aus $\bar{F} = m\bar{a}$ ergibt sich für die durchschnittliche Beschleunigung in diesem Fall:
$$\bar{a} = \frac{\bar{F}}{m} = \frac{375 \text{ N}}{150 \text{ kg} + 55 \text{ kg}} = \frac{375 \text{ kg m s}^{-2}}{205 \text{ kg}} = \underline{\underline{1{,}83 \text{ m s}^{-2}}}$$

Aus $v = at$ folgt jetzt für die notwendige Zeit:
$$t = \frac{v}{\bar{a}} = \frac{108 \text{ m s}^{-1}}{3{,}6 \cdot 1{,}83 \text{ m s}^{-2}} = \underline{\underline{16{,}4 \text{ s}}}$$

10 a) Aus $v^2 - v_0^2 = 2ax$ ergibt sich mit $v_0 = 60 \text{ km h}^{-1}$:
$$a = \frac{v^2 - v_0^2}{2x} = \frac{0 - (\frac{60}{3{,}6} \text{ m s}^{-1})^2}{2 \cdot 18 \text{ m}} = -7{,}7 \text{ m s}^{-2}$$
Die mittlere Verzögerung ist $\underline{\underline{7{,}7 \text{ m s}^{-2}}}$.

b) $\bar{F} = m\bar{a} = 75 \text{ kg} \cdot (-7{,}7 \text{ m s}^{-2}) = \underline{\underline{-0{,}58 \text{ kN}}}$
Die mittlere Bremskraft ist $\underline{\underline{0{,}58 \text{ kN}}}$.
$$\frac{\bar{F}}{F_G} = \frac{0{,}58 \text{ kN}}{75 \text{ kg} \cdot 9{,}81 \text{ m s}^{-2}} = 0{,}79$$
$\bar{F} = \underline{\underline{0{,}79 \, F_G}}$

⓫ Mit $v^2 = 2ax$ ergibt sich aus $F = ma$:

$$\bar{F} = m\bar{a} = m\frac{v^2}{2x}$$

$$\bar{F} = 80 \text{ kg} \cdot \frac{(5 \text{ m s}^{-1})^2}{2 \cdot 5 \text{ m}} = \underline{\underline{0{,}2 \text{ kN}}}$$

$$\bar{P} = \bar{F}\bar{v} = 0{,}2 \text{ kN} \cdot \frac{0 + 5 \text{ m s}^{-1}}{2} = \underline{\underline{0{,}5 \text{ kW}}}$$

⓬ a) $\bar{a} = \dfrac{\Delta v}{\Delta t} = \dfrac{0 - 72 \text{ km h}^{-1}}{0{,}10 \text{ s}} = \dfrac{-20 \text{ m s}^{-1}}{0{,}10 \text{ s}} = -0{,}20 \text{ km s}^{-2}$

Die mittlere Verzögerung ist $\underline{\underline{0{,}20 \text{ km s}^{-2}}}$.

b) $\dfrac{F_{Br}}{F_G} = \dfrac{m \cdot 0{,}20 \text{ km s}^{-2}}{m \cdot 9{,}81 \text{ m s}^{-2}} = 20$

$F_{Br} = 20 F_G$

Die auf den Fahrer wirkende Bremskraft ist das $\underline{\underline{20\text{fache}}}$ seiner Gewichtskraft.

⓭ Geg.: $m = 3{,}2 \cdot 10^5$ kg
$F_{Smax} = 8{,}8 \cdot 10^5$ N
$F_S = 8{,}0 \cdot 10^5$ N
$F_W = 2{,}5 \cdot 10^5$ N
$v = 300 \text{ km h}^{-1}$

a) Aus $v = at$ ergibt sich mit der beschleunigenden Kraft $F = ma$ für die Dauer des Starts:

$$t = \frac{v}{a} = \frac{vm}{F}$$

Da Rollreibungs- und Luftwiderstandskräfte entgegengesetzt zur Schubkraft gerichtet sind, gilt für die beschleunigende Kraft $\vec{F}$:

$F = 8{,}0 \cdot 10^5 \text{ N} - 2{,}5 \cdot 10^5 \text{ N} = 5{,}5 \cdot 10^5 \text{ N}$

Damit ergibt sich:

$$t = \frac{300 \text{ m s}^{-1} \cdot 3{,}2 \cdot 10^5 \text{ kg}}{3{,}6 \cdot 5{,}5 \cdot 10^5 \text{ N}} = \underline{\underline{48 \text{ s}}}$$

Der Start dauert 48 s.

b) Die notwendige Länge der Startbahn ergibt sich aus
$x = \frac{a}{2} t^2$ und $v = at$:

$$x = \frac{a}{2} t^2 = \frac{v}{2t} t^2 = \frac{vt}{2}$$

$$x = \frac{300 \text{ m s}^{-1} \cdot 48 \text{ s}}{3{,}6 \cdot 2} = \underline{\underline{2{,}0 \text{ km}}}$$

Die Startbahn muß mindestens 2,0 km lang sein.

c) Analog zur Teilaufgabe a) gilt für die beschleunigende Kraft $\vec{F}$ bei der verminderten Schubkraft $\vec{F}_S^*$ (falls die Rollreibungs- und Luftwiderstandskräfte auch in diesem Fall zusammen $2{,}5 \cdot 10^5$ N betragen würden):

$F = F_S^* - 2{,}5 \cdot 10^5$ N

Daraus folgt:

$F_S^* = F + 2{,}5 \cdot 10^5$ N

Mit $F = ma$ und $v^2 = 2ax$ ergibt sich:

$$F_S^* = m \frac{v^2}{2x} + 2{,}5 \cdot 10^5 \text{ N}$$

$$F_S^* = \frac{3{,}2 \cdot 10^5 \text{ kg}}{2 \cdot 3{,}0 \cdot 10^3 \text{ m}} \cdot \left(\frac{300 \text{ m s}^{-1}}{3{,}6}\right) + 2{,}5 \cdot 10^5 \text{ N}$$

$F_S^* = 3{,}7 \cdot 10^5 \text{ N} + 2{,}5 \cdot 10^5 \text{ N} = \underline{\underline{6{,}2 \cdot 10^5 \text{ N}}}$

Bei der Startbahnlänge 3,0 km reicht die Schubkraft $6{,}2 \cdot 10^5$ N aus.

Der Start würde noch gelingen, wenn die restlichen drei Triebwerke fast ihre maximale Schubkraft ($3 \cdot 2{,}2 \cdot 10^5 \text{ N} = 6{,}6 \cdot 10^5$ N) liefern würden.

❹ Lösung siehe Anhang

2.3 3. Gesetz von Newton (Wechselwirkungssatz)

Aufgaben in 2.3   Lehrbuch S. 35

❶ Auf den Apfel wirkt die Gewichtskraft $\vec{F}_G$ vom Betrag:

$F_G = 250 \text{ g} \cdot 9{,}81 \text{ m s}^{-2} = 2{,}45 \text{ kN}$

Als Wechselwirkungskraft dazu wirkt auf die Erde die Kraft 2,45 kN in entgegengesetzter Richtung zu $\vec{F}_G$.
Der Apfel erfährt die Beschleunigung $9{,}81 \text{ m s}^{-2}$.
Da die Masse der Erde etwa $6 \cdot 10^{24}$ kg ist (s. LB S. 109), ist die Beschleunigung der Erde durch den Apfel bedeutungslos, nämlich $\dfrac{2{,}45 \text{ kN}}{6 \cdot 10^{24} \text{ kg}} = 4 \cdot 10^{-22} \text{ m s}^{-2}$.

❷ Vor dem Eintauchen ist die Tafelwaage im Gleichgewicht; die beiden Schalen stehen gleich hoch. Die Federwaage zeigt sechs Gewichtseinheiten an.
Nach dem Eintauchen ist bei der Tafelwaage die linke Schale nach unten gegangen. Die Federwaage zeigt jetzt weniger als sechs Gewichtseinheiten an. Auf die Federwaage wirkt nur noch die um die Auftriebskraft verminderte Gewichtskraft des Eisenkörpers. Auf die linke Waagschale wirkt zusätzlich die Gegenkraft der Auftriebskraft, die Gewichtskraft der vom Eisenkörper verdrängten Flüssigkeit.

2.4 Anwendung des 2. Gesetzes von Newton auf einfache Kraftgesetze

Aufgaben in 2.4.3   Lehrbuch S. 39

In Aufgaben zum freien Fall kommt häufig die Höhe h vor, die ein Körper durchfällt. Aus den Bewegungsgleichungen für den freien Fall

$v(t) = -gt$
$y(t) = -\tfrac{1}{2}gt^2$
$v^2(y) = -2gy$

ergeben sich für $y = -h$ die Gleichungen:

$v(t) = -gt$
$h(t) = \tfrac{1}{2}gt^2$
$v^2(h) = 2gh$

❶ Aus $h = \frac{1}{2}gt^2$ und $v = -gt$ ergibt sich:

$h_1 = \frac{1}{2} \cdot 9{,}81 \,\mathrm{m\,s^{-2}} \cdot (1{,}00\,\mathrm{s})^2 = 4{,}9 \,\mathrm{m}$
$v_1 = -9{,}81 \,\mathrm{m\,s^{-2}} \cdot 1{,}00\,\mathrm{s} = -9{,}81 \,\mathrm{m\,s^{-1}}$
$h_2 = \frac{1}{2} \cdot 9{,}81 \,\mathrm{m\,s^{-2}} \cdot (2{,}00\,\mathrm{s})^2 = 19{,}6 \,\mathrm{m}$
$v_2 = -9{,}81 \,\mathrm{m\,s^{-2}} \cdot 2{,}00\,\mathrm{s} = -19{,}6 \,\mathrm{m\,s^{-1}}$
$h_3 = \frac{1}{2} \cdot 9{,}81 \,\mathrm{m\,s^{-2}} \cdot (3{,}00\,\mathrm{s})^2 = 44{,}1 \,\mathrm{m}$
$v_3 = -9{,}81 \,\mathrm{m\,s^{-2}} \cdot 3{,}00\,\mathrm{s} = -29{,}4 \,\mathrm{m\,s^{-1}}$
$h_4 = \frac{1}{2} \cdot 9{,}81 \,\mathrm{m\,s^{-2}} \cdot (4{,}00\,\mathrm{s})^2 = 78{,}5 \,\mathrm{m}$
$v_4 = -9{,}81 \,\mathrm{m\,s^{-2}} \cdot 4{,}00\,\mathrm{s} = -39{,}2 \,\mathrm{m\,s^{-1}}$
$h_5 = \frac{1}{2} \cdot 9{,}81 \,\mathrm{m\,s^{-2}} \cdot (5{,}00\,\mathrm{s})^2 = 123 \,\mathrm{m}$
$v_5 = -9{,}81 \,\mathrm{m\,s^{-2}} \cdot 5{,}00\,\mathrm{s} = -49{,}1 \,\mathrm{m\,s^{-1}}$

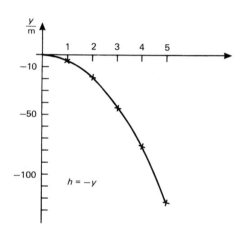
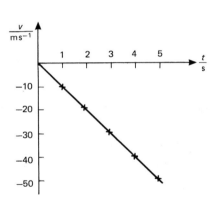

❷ Aus $v^2 = 2gh$ folgt:

$$h = \frac{v^2}{2g} = \frac{(7{,}0 \,\mathrm{m\,s^{-1}})^2}{2 \cdot 9{,}81 \,\mathrm{m\,s^{-2}}} = \underline{\underline{2{,}5 \,\mathrm{m}}}$$

❸ $h = \frac{1}{2}gt^2$ liefert analog zur Aufgabe ❶ die jeweils durchfallenen Höhen. Daraus ergeben sich die zugehörigen Entfernungen Δh der beiden Steine.

Fallzeit in s	durchfallene Höhe in m vom 1. Stein	durchfallene Höhe in m vom 2. Stein	Entfernungen der Steine voneinander in m
0	0	0	0
1,0	4,9	0	4,9
2,0	19,6	4,9	14,7
3,0	44,1	19,6	24,5
4,0	78,5	44,1	34,4
5,0	100*	78,5	21,5
6,0	100	100*	0

* nicht 123 m, da der Turm nur 100 m hoch ist.

Fallzeit:
Aus $h = \frac{1}{2}gt^2$ folgt:

$$t = \sqrt{\frac{2h}{g}} = \sqrt{\frac{2 \cdot 100 \text{ m}}{9{,}81 \text{ m s}^{-2}}} = \underline{\underline{4{,}5 \text{ s}}}$$

Auftreffgeschwindigkeit:
$$v = \sqrt{2gh} = \sqrt{2 \cdot 9{,}81 \text{ m s}^{-2} \cdot 100 \text{ m}} = \underline{\underline{44 \text{ m s}^{-1}}}$$

❹ Der freie Fall ist eine Bewegung mit konstanter Beschleunigung und der Anfangsgeschwindigkeit 0. Aus B 18 entnimmt man zusammengehörige t- und y-Werte. Daraus lassen sich die zugehörigen Beschleunigungen mit $a_0 = -\frac{2y}{t^2}$ berechnen.

$\dfrac{t}{\text{s}}$	0	$\dfrac{1}{31}$	$\dfrac{2}{31}$	$\dfrac{3}{31}$	$\dfrac{4}{31}$	$\dfrac{5}{31}$	$\dfrac{6}{31}$	$\dfrac{7}{31}$	$\dfrac{8}{31}$	$\dfrac{9}{31}$	$\dfrac{10}{31}$	$\dfrac{11}{31}$
$\dfrac{y}{\text{cm}}$	0	−0,4	−2,0	−4,5	−7,7	−12,2	−17,8	−24,7	−32,3	−39,9	−49,6	−60,4
$\dfrac{a_0}{\text{m s}^{-2}}$		9,6	9,6	9,2	9,4	9,5	9,7	9,7	9,5	9,5	9,6	

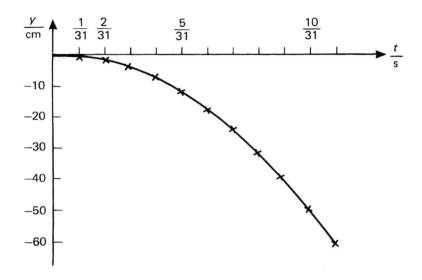

Aus den für die Beschleunigung a_0 errechneten Werten folgt:
Die Beschleunigung ist konstant und ist etwa $\underline{\underline{9{,}5\,\mathrm{m\,s^{-2}}}}$.

Mit $v(t) = -a_0 t = -9{,}5\,\mathrm{m\,s^{-2}} \cdot t$ läßt sich das t-v-Diagramm zeichnen.

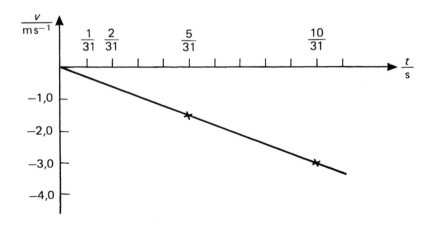

❺ a) $h = \tfrac{1}{2}gt^2 = \tfrac{1}{2} \cdot 9{,}81 \text{ m s}^{-2} \cdot (4{,}80 \text{ s})^2 = \underline{\underline{113 \text{ m}}}$

b) $t = t_{\text{Fall}} + t_{\text{Schall}}$

Mit $h = \tfrac{1}{2}gt_{\text{Fall}}^2$ und $v_{\text{Schall}} = \dfrac{h}{t_{\text{Schall}}}$ ergibt sich:

$t = \sqrt{\dfrac{2h}{g}} + \dfrac{h}{v_{\text{Schall}}}$

Ist $h = x$ m, also x die Maßzahl von h, so gilt:

$4{,}80 \text{ s} = \sqrt{\dfrac{2 \cdot x \text{ m}}{9{,}81 \text{ m s}^{-2}}} + \dfrac{x \text{ m}}{330 \text{ m s}^{-1}}$

$4{,}80 \text{ s} = \sqrt{\dfrac{2x}{9{,}81}} \text{ s} + \dfrac{x}{330} \text{ s} \qquad |:\text{s}$

$4{,}80 = \sqrt{\dfrac{2x}{9{,}81}} + \dfrac{x}{330}$

$\dfrac{1}{330} \cdot x + \sqrt{\dfrac{2}{9{,}81}} \cdot \sqrt{x} - 4{,}80 = 0$

Mit $\sqrt{x} = z$ erhält man:

$\dfrac{1}{330} \cdot z^2 + \sqrt{\dfrac{2}{9{,}81}} \cdot z - 4{,}80 = 0$

$z_{1,2} = \dfrac{-\sqrt{\dfrac{2}{9{,}81}} \pm \sqrt{\dfrac{2}{9{,}81} + 4 \cdot \dfrac{1}{330} \cdot 4{,}80}}{2 \cdot \dfrac{1}{330}}$

$z_{1,2} = \dfrac{-0{,}4515 \pm 0{,}5119}{0{,}00606}$

$z_1 = 9{,}964 \qquad z_2 = -160$ (nicht brauchbar)

$x = 99{,}3$

Der Schacht ist $\underline{\underline{99 \text{ m}}}$ tief.

❻ Bei dem Versuch handelt es sich um eine Bewegung mit konstanter Beschleunigung und Anfangsgeschwindigkeit.
$s(t) = \frac{1}{2}at^2 + v_0 t$
Betrachtet man zwei verschiedene Zeitpunkte t_1 und t_2, so erhält man mit $s_1 = s(t_1)$ und $s_2 = s(t_2)$:
$s_1 = \frac{1}{2}at_1^2 + v_0 t_1$ (1) $\quad | \cdot t_2$
$s_2 = \frac{1}{2}at_2^2 + v_0 t_2$ (2) $\quad | \cdot t_1$

$(1) \cdot t_2 - (2) \cdot t_1$ liefert:
$s_1 t_2 - s_2 t_1 = \frac{1}{2}a(t_1^2 t_2 - t_2^2 t_1)$
Daraus folgt:
$$a = \frac{2(s_1 t_2 - s_2 t_1)}{t_1^2 t_2 - t_2^2 t_1}$$
Der Tabelle entnimmt man z. B.:
$t_1 = 0{,}055$ s; $\quad s_1 = 0{,}05$ m
$t_2 = 0{,}147$ s; $\quad s_2 = 0{,}20$ m
Damit ergibt sich:
$a = 9{,}81 \, \dfrac{\text{m}}{\text{s}^2}$

Die Beschleunigung stimmt trotz Zusatzgewichtstücken mit der Fallbeschleunigung überein; dies muß nach dem 2. Gesetz von Newton auch so sein:

ohne Zusatzgewichtstücke: $\qquad a = \dfrac{F_G}{m} = \dfrac{mg}{m} = g$

mit Zusatzgewichtstücken der Masse Δm: $\quad a = \dfrac{F_G'}{m + \Delta m} = \dfrac{(m + \Delta m)g}{m + \Delta m} = g$

Aufgaben in 2.4.4 Lehrbuch S. 41

❶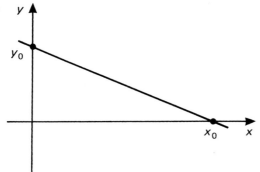

a) $y = -\dfrac{y_0}{x_0} x + y_0 \quad |:y_0 \quad$ Dabei ist $-\dfrac{y_0}{x_0}$ die Steigung der Geraden.

$\dfrac{x}{x_0} + \dfrac{y}{y_0} = 1$

b) Vergleich:

$y = y_0 - \dfrac{y_0}{x_0} x \qquad v = v_0 - gt$

Dem Achsenabschnitt y_0 auf der y-Achse entspricht die Geschwindigkeit v_0, der Steigung $-\dfrac{y_0}{x_0}$ der Geraden entspricht $-g$, also die negative Fallbeschleunigung.

❷ Aus $h_S = h_F$ und $h_F = \frac{1}{2} g t_F^2$ ergibt sich mit $t_S = t_F = \dfrac{3{,}0\,\text{s}}{2} = 1{,}5\,\text{s}$:

$h_S = \frac{1}{2} g t_S^2 = \frac{1}{2} \cdot 9{,}81\,\text{m s}^{-2} \cdot (1{,}5\,\text{s})^2 = \underline{\underline{11\,\text{m}}}$

❸ Mit $y(t) = v_0 t - \frac{1}{2} g t^2$ erhält man:

$y(1{,}0\,\text{s}) = 20\,\text{m s}^{-1} \cdot 1{,}0\,\text{s} - \frac{1}{2} \cdot 9{,}81\,\text{m s}^{-2} \cdot (1{,}0\,\text{s})^2 = \underline{\underline{15\,\text{m}}}$

$y(3{,}0\,\text{s}) = 20\,\text{m s}^{-1} \cdot 3{,}0\,\text{s} - \frac{1}{2} \cdot 9{,}81\,\text{m s}^{-2} \cdot (3{,}0\,\text{s})^2 = \underline{\underline{16\,\text{m}}}$

$y(7{,}0\,\text{s}) = 20\,\text{m s}^{-1} \cdot 7{,}0\,\text{s} - \frac{1}{2} \cdot 9{,}81\,\text{m s}^{-2} \cdot (7{,}0\,\text{s})^2 = \underline{\underline{-100\,\text{m}}}$

(wenn möglich)

Mit $v(t) = v_0 - gt$ erhält man:
$v(1,0\text{ s}) = 20\text{ m s}^{-1} - 9,81\text{ m s}^{-2} \cdot 1,0\text{ s} = \underline{\underline{10\text{ m s}^{-1}}}$
$v(3,0\text{ s}) = 20\text{ m s}^{-1} - 9,81\text{ m s}^{-2} \cdot 3,0\text{ s} = \underline{\underline{-9,4\text{ m s}^{-1}}}$
$v(7,0\text{ s}) = 20\text{ m s}^{-1} - 9,81\text{ m s}^{-2} \cdot 7,0\text{ s} = \underline{\underline{-49\text{ m s}^{-1}}}$
(wenn möglich)

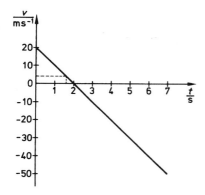

Aus dem Diagramm ergibt sich:
Zur Zeit $t = 1,6$ s hat der Stein die Geschwindigkeit $v = 4,0\text{ m s}^{-1}$.

❹ Mit $v = 0$ (im höchsten Punkt) folgt aus $v^2 - v_0^2 = -2gy$ für die Geschwindigkeit v_0:
$v_0 = \sqrt{2gy} = \sqrt{2 \cdot 9,81\text{ m s}^{-2} \cdot 25\text{ m}} = 22,15\text{ m s}^{-1}$
$\underline{\underline{v_0 = 22\text{ m s}^{-1}}}$

Aus $v = v_0 - gt$ folgt mit $v = 0$ für die Steigzeit t_S:
$t_S = \dfrac{v_0}{g} = \dfrac{22,15\text{ m s}^{-1}}{9,81\text{ m s}^{-2}} = \underline{\underline{2,3\text{ s}}}$

Die Fallzeit t_F ergibt sich aus $h = \tfrac{1}{2}gt^2$:
$t_F = \sqrt{\dfrac{2h}{g}} = \sqrt{\dfrac{2 \cdot 25\text{ m}}{9,81\text{ m s}^{-2}}} = \underline{\underline{2,3\text{ s}}}$

Zur Lösung kann auch benützt werden, daß $t_F = t_S$ ist.

❺ *1. Teil der Bewegung* (Die Kugel bewegt sich nach oben):
Aus $v = v_0 - gt$ folgt mit $v = 0$ für die Steigzeit t_S:

$$t_S = \frac{v_0}{g} = \frac{50{,}0 \text{ m s}^{-1}}{9{,}81 \text{ m s}^{-2}} = \underline{\underline{5{,}10 \text{ s}}}$$

Aus $v^2 - v_0^2 = -2gy$ folgt mit $v = 0$ für die Steighöhe h_S:

$$h_S = \frac{v_0^2}{2g} = \frac{(50{,}0 \text{ m s}^{-1})^2}{2 \cdot 9{,}81 \text{ m s}^{-2}} = \underline{\underline{127 \text{ m}}}$$

2. Teil der Bewegung (Die Kugel bewegt sich nach unten):
Nach Erreichen der Gipfelhöhe findet freier Fall statt. Aus $v = -gt$ ergibt sich:
$v = -9{,}81 \text{ m s}^{-2} \cdot 1{,}00 \text{ s} = \underline{\underline{-9{,}81 \text{ m s}^{-1}}}$

Aufgaben in 2.4.5   Lehrbuch S. 43 und 44

❶ Wie üblich legt man die positive x-Richtung in die Bewegungsrichtung [in a) und b) also hangabwärts, in c) hangaufwärts].

a) Aus $v^2 - v_0^2 = 2ax$ folgt mit $v_0 = 0$: $v = \sqrt{2ax}$
   Aus $F_H = mg \sin \varepsilon$ und $F = ma$ folgt: $a = g \sin \varepsilon$ (s. a. LB S. 42)
   Damit ergibt sich:

   $$v = \sqrt{2 \cdot g \sin \varepsilon \cdot x} = \sqrt{2 \cdot 9{,}81 \text{ m s}^{-2} \sin 12° \cdot 8{,}5 \text{ m}} = \underline{\underline{5{,}9 \text{ m s}^{-1}}}$$

b) Für die beschleunigende Kraft $\vec{F}$ gilt:
   $F = F_H + F_R$ mit $F_H > 0$ und $F_R < 0$
   $F = mg \sin \varepsilon - \mu mg \cos \varepsilon = mg(\sin \varepsilon - \mu \cos \varepsilon)$ (s. a. LB S. 42)
   Aus $v = \sqrt{2ax}$ ergibt sich mit $F = ma$:

   $$v = \sqrt{2 \frac{F}{m} x} = \sqrt{2 \cdot g (\sin \varepsilon - \mu \cos \varepsilon) \cdot x}$$

   $$v = \sqrt{2 \cdot 9{,}81 \text{ m s}^{-2} (\sin 12° - 0{,}20 \cos 12°) \cdot 8{,}5 \text{ m}} = \underline{\underline{1{,}4 \text{ m s}^{-1}}}$$

c) Für die beschleunigende Kraft $\vec{F}$ gilt:
   $F = F_Z + F_H + F_R$ mit $F_Z > 0$, $F_H < 0$ und $F_R < 0$

Daraus folgt mit $F = ma$:
$F_Z = ma - F_H - F_R = ma - (-mg \sin\varepsilon - \mu mg \cos\varepsilon)$
$F_Z = m(a + g \sin\varepsilon + \mu g \cos\varepsilon)$
$F_Z = 15 \text{ kg} \cdot (1,5 \text{ m s}^{-2} + 9,81 \text{ m s}^{-2} \sin 12° + 0,20 \cdot 9,81 \text{ m s}^{-2} \cos 12°)$
$F_Z = \underline{\underline{82 \text{ N}}}$

❷ a) Aus $v^2 - v_0^2 = 2ax$ folgt mit $v_0 = 0$:

$$a = \frac{v^2}{2x} = \frac{\left(\frac{60}{3,6} \text{ m s}^{-1}\right)^2}{2 \cdot 100 \text{ m}} = 1,389 \text{ m s}^{-2}$$
$a = \underline{\underline{1,4 \text{ m s}^{-2}}}$

b) Falls die positive Richtung hangaufwärts gewählt wird, gilt für die Kräfte:
$F = F_Z + F_H + F_R$ mit $F_Z > 0$, $F_H < 0$ und $F_R < 0$
Mit $F = ma$, $F_H = -mg \sin\varepsilon$ und $F_R = -\mu mg \cos\varepsilon$ folgt für die Antriebskraft:
$F_Z = F - F_H - F_R = ma + mg \sin\varepsilon + \mu mg \cos\varepsilon$
$F_Z = m(a + g \sin\varepsilon + \mu g \cos\varepsilon)$
Aus $\tan\varepsilon = 0,15$ folgt $\varepsilon = 8,53°$.
Damit erhält man:
$F_Z = 1,2 \cdot 10^3 \text{ kg} (1,389 \text{ m s}^{-2} + 9,81 \text{ m s}^{-2} \cdot \sin 8,53° +$
$\qquad\qquad\qquad + 0,10 \cdot 9,81 \text{ m s}^{-2} \cdot \cos 8,53°)$
$F_Z = \underline{\underline{4,6 \text{ kN}}}$

❸ a) Bezeichnungen:
m_W ist die Masse des Wagens, m_K die Masse des zweiten Körpers.
Legt man die positive Richtung in die Bewegungsrichtung (auf der schiefen Ebene hangaufwärts), so gilt für die Kräfte:
$F = F_Z + F_H$ mit $F_Z > 0$ und $F_H < 0$
Mit $F = ma$, $F_Z = F_G = m_K g$, $F_H = -m_W g \sin\varepsilon$ und $m = m_K + m_W$ ist:
$(m_K + m_W) a = m_K g - m_W g \sin\varepsilon$

$$a = \frac{(m_K - m_W \sin\varepsilon)}{m_K + m_W} \cdot g$$

$$a = \frac{70,0 \text{ kg} - 60,0 \text{ kg} \cdot \sin 45°}{70,0 \text{ kg} + 60,0 \text{ kg}} \cdot 9,81 \text{ m s}^{-2} = \underline{\underline{2,08 \text{ m s}^{-2}}}$$

b) Aus $x = \frac{1}{2}at^2$ folgt:

$$t = \sqrt{\frac{2x}{a}} = \sqrt{\frac{2 \cdot 4{,}80 \text{ m}}{2{,}08 \text{ m s}^{-2}}} = \underline{2{,}15 \text{ s}}$$

c) Die Anordnung ist zum Heruntertransportieren von Lasten geeignet, wenn der Wagen mit der Masse m_L beladen wird, so daß annähernd gilt:

$(m_\text{L} + m_\text{W}) g \sin \varepsilon = m_\text{K} g$

Daraus folgt:

$$m_\text{L} + m_\text{W} = \frac{m_\text{K}}{\sin \varepsilon} = \frac{70{,}0 \text{ kg}}{\sin 45°} = 99 \text{ kg}$$

Die Last muß also etwa die Masse $99 \text{ kg} - 60 \text{ kg} = \underline{39 \text{ kg}}$ haben.

❹ Nach dem Durchfallen der Höhe h hat der Körper die Geschwindigkeit v_F, für die gilt:

$v_\text{F}^2 = 2gh$

$v_\text{F} = \sqrt{2gh}$

Auf der schiefen Ebene erfährt der Körper die Beschleunigung
$a = g \sin \varepsilon$ (s.a. LB S. 42).

Aus $v_1^2 = 2al$ folgt:

$$v_1 = \sqrt{2 \cdot g \sin \varepsilon \cdot l} = \sqrt{2 \cdot g \sin \varepsilon \cdot \frac{h}{\sin \varepsilon}} = \sqrt{2gh}$$

Also ist $\underline{v_\text{F} = v_1}$.

❺ Die positive x-Richtung legen wir wieder in die Bewegungsrichtung, also hangabwärts.
Aus $v^2 = 2ax$ ergibt sich mit $F = ma$:

$$v = \sqrt{2 \frac{F}{m} x}$$

Dabei ist F die beschleunigende Kraft und v die Geschwindigkeit am Ende der Anlaufbahn.

a) Die beschleunigende Kraft F_1 ist in diesem Fall die Hangabtriebskraft F_H, für die gilt:

$F_\text{H} = F_\text{G} \sin \varepsilon = mg \sin \varepsilon$ (s. Grafik S. 49)

Also ist:

$F_1 = mg \sin \varepsilon$

$\dfrac{F_1}{m} = g \sin \varepsilon$

Damit ergibt sich aus

$v = \sqrt{2\dfrac{F}{m}x}$ in diesem Fall:

$v_1 = \sqrt{2\dfrac{F_1}{m}x} = \sqrt{2g \sin \varepsilon \cdot x}$

$v_1 = \sqrt{2 \cdot 9{,}81\,\mathrm{m\,s^{-2}} \sin 40{,}0° \cdot 80{,}0\,\mathrm{m}} = 31{,}76\,\mathrm{m\,s^{-1}} = \underline{\underline{114\,\mathrm{km\,h^{-1}}}}$

b) Für die beschleunigende Kraft F_2 gilt bei Berücksichtigung der Reibungskraft F_R:

$F_2 = F_H + F_R$ mit $F_H > 0$ und $F_R < 0$

Mit $F_R = -\mu \cdot mg \cos \varepsilon$ ergibt sich:

$F_2 = mg \sin \varepsilon - \mu mg \cos \varepsilon$ und

$\dfrac{F_2}{m} = g(\sin \varepsilon - \mu \cos \varepsilon)$

Damit folgt aus $v = \sqrt{2\dfrac{F}{m}x}$ in diesem Fall:

$v_2 = \sqrt{2 \cdot g(\sin \varepsilon - \mu \cos \varepsilon) \cdot x}$

$v_2 = \sqrt{2 \cdot 9{,}81\,\mathrm{m\,s^{-2}}(\sin 40{,}0° - 0{,}130 \cos 40{,}0°) \cdot 80{,}0\,\mathrm{m}}$

$v_2 = 29{,}20\,\mathrm{m\,s^{-1}} = \underline{\underline{105\,\mathrm{km\,h^{-1}}}}$

c) Für die beschleunigende Kraft F_3 gilt bei Berücksichtigung der mittleren Luftwiderstandskraft $\bar{F}_L$:

$F_3 = F_H + F_R + \bar{F}_L$ mit $F_H > 0$, $F_R < 0$ (und $\bar{F}_L < 0$):

$F_3 = mg \sin \varepsilon - \mu mg \cos \varepsilon + \bar{F}_L$

Also gilt mit $v = \sqrt{2\dfrac{F}{m}x}$:

$v_3 = \sqrt{\dfrac{2 \cdot mg(\sin \varepsilon - \mu \cos \varepsilon) + \bar{F}_L}{m} \cdot x}$

$v_3^2 = \dfrac{2x}{m}[mg(\sin \varepsilon - \mu \cos \varepsilon) + \bar{F}_L]$

$$v_3^2 \cdot \frac{m}{2x} = mg(\sin \varepsilon - \mu \cos \varepsilon) + \bar{F}_L$$

$$\bar{F}_L = v_3^2 \frac{m}{2x} - mg(\sin \varepsilon - \mu \cos \varepsilon)$$

$$\bar{F}_L = \left(\frac{95{,}0}{3{,}6} \text{ m s}^{-1}\right)^2 \cdot \frac{70 \text{ kg}}{2 \cdot 80{,}0 \text{ m}} -$$
$$\qquad 70 \text{ kg} \cdot 9{,}81 \text{ m s}^{-2} \cdot (\sin 40{,}0° - 0{,}130 \cdot \cos 40{,}0°)$$

$$\bar{F}_L = -68{,}35 \text{ N} = \underline{\underline{-68{,}4 \text{ N}}}$$

Der Betrag der mittleren Luftwiderstandskraft während des Anlaufs ist 68,4 N; das Minuszeichen sagt, daß $\vec{F}_L$ entgegengesetzt zur Bewegungsrichtung wirkt.

Aufgaben in 2.4.6   Lehrbuch S. 48

❶ $a(t) = -\frac{D}{m} y(t) = -10 \text{ s}^{-2} y(t)$

$y(0) = 0{,}10 \text{ m}; \quad v(0) = 1{,}0 \text{ m s}^{-1}; \quad \Delta t = 0{,}01 \text{ s}; \quad a(0) = -1{,}0 \text{ m s}^{-2}$

1. Schritt: $v(0{,}01 \text{ s}) = v(0) + a(0) \Delta t = 1{,}0 \text{ m s}^{-1} - 1{,}0 \text{ m s}^{-2} \cdot 0{,}01 \text{ s}$
$\qquad\qquad\qquad = \underline{\underline{0{,}99 \text{ m s}^{-1}}}$

$\qquad\qquad y(0{,}01 \text{ s}) = y(0) + v(0) \cdot \Delta t = 0{,}10 \text{ m} + 1{,}0 \text{ m s}^{-1} \cdot 0{,}01 \text{ s}$
$\qquad\qquad\qquad = \underline{\underline{0{,}11 \text{ m}}}$

$\qquad\qquad a(0{,}01 \text{ s}) = -10 \text{ s}^{-2} \cdot 0{,}11 \text{ m} = \underline{\underline{-1{,}1 \text{ m s}^{-2}}}$

2. Schritt: $v(0{,}02 \text{ s}) = 0{,}99 \text{ m s}^{-1} - 1{,}1 \text{ m s}^{-2} \cdot 0{,}01 \text{ s} = \underline{\underline{0{,}98 \text{ m s}^{-1}}}$

$\qquad\qquad y(0{,}02 \text{ s}) = 0{,}11 \text{ m} + 0{,}99 \text{ m s}^{-1} \cdot 0{,}01 \text{ s} = \underline{\underline{0{,}12 \text{ m}}}$

$\qquad\qquad a(0{,}02 \text{ s}) = -10 \text{ s}^{-2} \cdot 0{,}12 \text{ m} = \underline{\underline{-1{,}2 \text{ m s}^{-2}}}$

3. Schritt: $v(0{,}03 \text{ s}) = 0{,}98 \text{ m s}^{-1} - 1{,}2 \text{ m s}^{-2} \cdot 0{,}01 \text{ s} = \underline{\underline{0{,}97 \text{ m s}^{-1}}}$

$\qquad\qquad y(0{,}03 \text{ s}) = 0{,}12 \text{ m} + 0{,}98 \text{ m s}^{-1} \cdot 0{,}01 \text{ s} = \underline{\underline{0{,}13 \text{ m}}}$

$\qquad\qquad a(0{,}03 \text{ s}) = -10 \text{ s}^{-2} \cdot 0{,}13 \text{ m} = \underline{\underline{-1{,}3 \text{ m s}^{-2}}}$

❷ Die Periodendauer läßt sich z. B. mit dem Tabellenkalkulationsprogramm VIVITAB und dem folgenden Modell ermitteln:

n = 1000
v = # v + # a * dt;   v(1) = 2

y/m = # y + # v * dt;   y(1) = 0
a = − D/m * y
t/s = # t + dt;   t(1) = 0

Tabellenkonstanten: D = 10   m = 0.5   dt = 0.01

Die Periodendauer läßt sich entweder in der Tabelle oder in der Grafik ablesen.

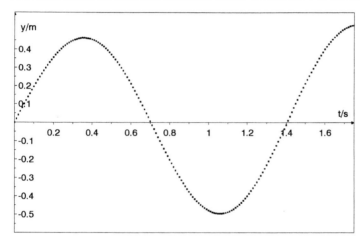

Man erhält:

$T = \underline{\underline{1{,}4\,\text{s}}}$

❸ Man kann z. B. mit dem Tabellenkalkulationsprogramm VIVITAB und dem folgenden Modell jeweils ein t-y-Diagramm erstellen und die gesuchten Größen aus dem Diagramm ablesen.

	a)	b)	c)

n = 1500
v = # v + # a * dt;
y/m = # y + # v * dt;
a = − D/m * y
t/s = # t + dt;   t(1) = 0
	v(1) = 0
	y(1) = − 0.1
		v(1) = 1
		y(1) = − 0.1
			v(1) = − 1
			y(1) = − 0.1

Tabellenkonstanten: D = 3   m = 0.05   dt = 0.001

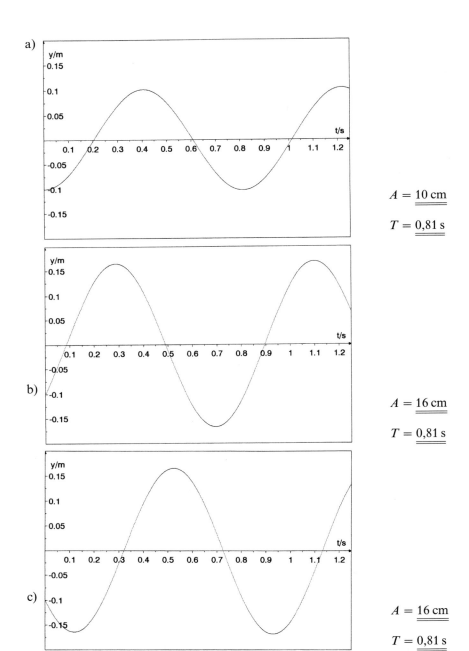

❹ Das Zeit-Ort-Diagramm läßt sich z.B. mit dem Tabellenkalkulationsprogramm VIVITAB und dem folgenden Modell erstellen.

n = 1500
v = #v + a * dt;   v(1) = −5
y/m = #y + #v * dt;   y(1) = 0
t/s = #t + dt;   t(1) = 0

Tabellenkonstanten: a = 2   dt = 0.01

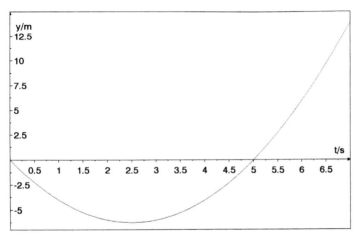

3 Erhaltungssätze

3.1 Kinetische Energie

Aufgaben in 3.1.2   Lehrbuch S. 52

❶ Aus $W_a = \frac{1}{2}mv_2^2 - \frac{1}{2}mv_1^2$ ergibt sich mit $v_1 = 0$ und $F_G = mg$:

$$W_a = \frac{1}{2} \cdot \frac{F_G}{g} \cdot v_2^2 = \frac{1}{2} \cdot \frac{40\,\text{kN}}{9{,}81\,\text{m s}^{-2}} \cdot \left(\frac{54}{3{,}6}\,\text{m s}^{-1}\right)^2 = 458{,}7\,\text{kN m}$$

$$W_a = \underline{\underline{0{,}46\,\text{MJ}}}$$

$$\bar{P} = \frac{W_a}{t} = \frac{458{,}7\,\text{kJ}}{30\,\text{s}} = \underline{\underline{15\,\text{kW}}}$$

❷ Die Arbeit setzt sich zusammen aus der Beschleunigungsarbeit und der Arbeit zur Überwindung des Fahrwiderstandes.

$$W = W_a + W_W = \tfrac{1}{2}mv_2^2 - \tfrac{1}{2}mv_1^2 + \bar{F}_{Wx}\,\Delta x$$

Mit $v_1 = 0$ erhält man:

$$W = \tfrac{1}{2} \cdot (100\,\text{t} + 10 \cdot 25{,}0\,\text{t}) \cdot (15{,}0\,\text{m s}^{-1})^2 + 30{,}0\,\text{kN} \cdot 3{,}75\,\text{km}$$

$$W = 39{,}4\,\text{MJ} + 112{,}5\,\text{MJ} = \underline{\underline{152\,\text{MJ}}}$$

Die Lokomotive verrichtet die Arbeit 152 MJ.

❸ a) „Leergewicht"; hier ist die Masse angegeben.
„Fahrleistung"; hier ist die Zeit angegeben, die das Auto benötigt, um aus dem Stand auf die Geschwindigkeit 100 km h^{-1} zu kommen.
„Elastizität"; hier ist die Zeit angegeben, die das Auto im 5. Gang benötigt, um von der Geschwindigkeit 60 km h^{-1} auf die Geschwindigkeit 100 km h^{-1} zu kommen.

b) Mit $\bar{F} = m\bar{a} = m\dfrac{\Delta v}{\Delta t}$ und $\bar{P} = \bar{F}\bar{v}$ ergibt sich:

$$\bar{P} = m\frac{\Delta v}{\Delta t}\bar{v}$$

$$\bar{P}_1 = 1200\,\text{kg} \cdot \frac{100\,\text{m s}^{-1}}{3{,}6 \cdot 19{,}3\,\text{s}} \cdot \frac{50}{3{,}6}\,\text{m s}^{-1} = \underline{\underline{24{,}0\,\text{kW}}}$$

$$\bar{P}_2 = 1200\,\text{kg} \cdot \frac{40\,\text{m s}^{-1}}{3{,}6 \cdot 29{,}5\,\text{s}} \cdot \frac{80}{3{,}6}\,\text{m s}^{-1} = \underline{\underline{10{,}0\,\text{kW}}}$$

$$\bar{P}_1 = \frac{24{,}0 \text{ kW}}{33 \text{ kW}} = 73\%$$

$$\bar{P}_2 = \frac{10{,}0 \text{ kW}}{33 \text{ kW}} = 30\%$$

Es sind 73% bzw. 30% der maximalen Motorleistung.

c) Aus $\bar{F} \cdot x = 0 - \frac{m}{2} v^2$ folgt:

$$\bar{F} = -\frac{m}{2x} v^2 = -\frac{1200 \text{ kg}}{2 \cdot 45{,}5 \text{ m}} \left(\frac{100}{3{,}6}\right)^2 \frac{\text{m}^2}{\text{s}^2} = -10175 \text{ N} = \underline{\underline{-10{,}2 \text{ kN}}}$$

d) Aus $\bar{F} = m\bar{a}$ folgt:

$$\bar{a} = \frac{\bar{F}}{m} = \frac{-10175 \text{ N}}{1200 \text{ kg}} = \underline{\underline{-8{,}48 \text{ m s}^{-2}}}$$

3.2 Potentielle Energie

Aufgaben in 3.2.2 $\hfill$ Lehrbuch S. 54

❶ a) Aus $W_{\text{Sp}} = \frac{1}{2} D s^2$ ergibt sich mit

$$D = \frac{F}{s} = \frac{60 \text{ N}}{0{,}80 \text{ m}} = 75 \frac{\text{N}}{\text{m}} \quad \text{und} \quad s = 80 \text{ cm}:$$

$$W_{\text{Sp}} = \frac{1}{2} \cdot 75 \frac{\text{N}}{\text{m}} \cdot (0{,}80 \text{ m})^2 = 24 \text{ J}$$

Es wird die Spannarbeit $\underline{\underline{24 \text{ J}}}$ verrichtet.

b) $\Delta W_{\text{Sp}} = W_{\text{Sp}_2} - W_{\text{Sp}_1} = \frac{1}{2} D s_2^2 - \frac{1}{2} D s_1^2$

$\Delta W_{\text{Sp}} = \frac{1}{2} D (s_2^2 - s_1^2)$

$\Delta W_{\text{Sp}} = \frac{1}{2} \cdot 75 \frac{\text{N}}{\text{m}} [(0{,}80 \text{ m} + 0{,}40 \text{ m})^2 - (0{,}80 \text{ m})^2] = 30 \text{ J}$

Es muß die zusätzliche Spannarbeit $\underline{\underline{30 \text{ J}}}$ verrichtet werden.

c) $E_p = \frac{1}{2} D s_2^2 = \frac{1}{2} \cdot 75 \frac{\text{N}}{\text{m}} \cdot (1{,}2 \text{ m})^2 = 54 \text{ J}$

In der Feder steckt die potentielle Energie $\underline{\underline{54 \text{ J}}}$.

❷ a) Für die Spannarbeit ΔW_{Sp} gilt:

$\Delta W_{Sp} = W_{Sp_2} - W_{Sp_1} = \frac{1}{2}Ds_2^2 - \frac{1}{2}Ds_1^2 = \frac{1}{2}D(s_2^2 - s_1^2)$

D ergibt sich aus der zusätzlichen Kraft $\Delta F = 150$ N und der zugehörigen weiteren Dehnung $\Delta s = 0{,}450$ m:

$D = \dfrac{\Delta F}{\Delta s} = \dfrac{150 \text{ N}}{0{,}450 \text{ m}}$

Mit $s_1 = \dfrac{F_1}{D} = \dfrac{50{,}0 \text{ N} \cdot 0{,}450 \text{ m}}{150 \text{ N}} = 0{,}150$ m und

$s_2 = 0{,}150 \text{ m} + 0{,}450 \text{ m} = 0{,}600 \text{ m}$ ist:

$\Delta W_{Sp} = \dfrac{1}{2} \cdot \dfrac{150 \text{ N}}{0{,}450 \text{ m}} \cdot [(0{,}600 \text{ m})^2 - (0{,}150 \text{ m})^2] = 56{,}3$ J

Zu der zusätzlichen Dehnung ist die Spannarbeit 56,3 J nötig.

b)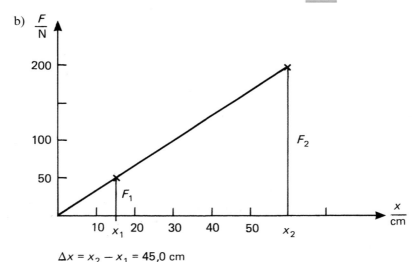

$\Delta x = x_2 - x_1 = 45{,}0$ cm

Anderer Lösungsweg von a)

Berechnung der Spannarbeit mit Hilfe des Ort-Kraft-Diagramms (Flächeninhalt des Trapezes):

$\Delta W_{Sp} = \dfrac{F_1 + F_2}{2} \cdot \Delta x = \dfrac{50{,}0 \text{ N} + (50{,}0 \text{ N} + 150 \text{ N})}{2} \cdot 0{,}450 \text{ m} = \underline{\underline{56{,}3 \text{ J}}}$

❸ Durch die Spannarbeit $W_{Sp} = \frac{1}{2}Ds^2$ erhält die Feder die potentielle Energie E_p der Elastizität. Die Kugel bekommt bei der Entspannung der Feder die kinetische Energie $E_k = \frac{m}{2}v^2$.

Aus $\frac{m}{2}v^2 = \frac{1}{2}Ds^2$ folgt:

$$v^2 = \frac{D}{m}s^2$$

$$v = s\sqrt{\frac{D}{m}} = 3{,}0 \cdot 10^{-2}\,\text{m}\sqrt{\frac{8{,}0 \cdot 10^2\,\text{N m}^{-1}}{1{,}0 \cdot 10^{-2}\,\text{kg}}} = \underline{\underline{8{,}5\,\text{m s}^{-1}}}$$

Die Kugel wird auf die Geschwindigkeit $8{,}5\,\text{m s}^{-1}$ beschleunigt.

Aufgaben in 3.2.4   Lehrbuch S. 56

❶ a) *1. Hubarbeit:*

$W_1 = F_G \cdot h = mgh = 50{,}0\,\text{kg} \cdot 9{,}81\,\text{m s}^{-2} \cdot 2{,}50\,\text{m} = 1{,}23\,\text{kJ}$

2. Arbeit längs der schiefen Ebene:
Für die Hangabtriebskraft F_H gilt:

$$\frac{F_H}{F_G} = \sin\varepsilon$$

$$F_H = F_G \sin\varepsilon$$

Die Zugkraft $\vec{F_Z}$ ist gegengleich der Hangabtriebskraft. Also gilt:

$W_2 = F_Z \cdot l = mg \sin\varepsilon \cdot l$
$W_2 = 50{,}0\,\text{kg} \cdot 9{,}81\,\text{m s}^{-2} \cdot \dfrac{2{,}50\,\text{m}}{5{,}00\,\text{m}} \cdot 5{,}00\,\text{m} = 1{,}23\,\text{kJ}$

Also ist in beiden Fällen die Arbeit $\underline{\underline{1{,}23\,\text{kJ}}}$ notwendig.

b) $E_p = mgh = \underline{\underline{1{,}23\,\text{kJ}}}$ [siehe a)]

Der Körper erhält die potentielle Energie $1{,}23\,\text{kJ}$.

❷ a) $E_k = \frac{1}{2}mv^2 = \frac{1}{2} \cdot 1{,}0 \cdot 10^3 \,\text{kg} \cdot \left(\frac{50}{3{,}6} \,\text{m s}^{-1}\right)^2 = \underline{\underline{96 \,\text{kJ}}}$

b) Mit $\varrho = \frac{m}{V}$ ergibt sich für E_p:

$E_p = mgh = \varrho V g h = 1{,}0 \cdot 10^3 \,\text{kg m}^{-3} \cdot 1{,}0 \,\text{m}^3 \cdot 9{,}81 \,\text{m s}^{-2} \cdot 0{,}20 \cdot 10^3 \,\text{m}$
$E_p = \underline{\underline{2{,}0 \,\text{MJ}}}$

c) Mit $\varrho = \frac{m}{V}$ ergibt sich für E_k:

$E_k = \frac{1}{2} m \cdot v^2 = \frac{1}{2} \varrho V \cdot v^2 = \frac{1}{2} \cdot 1{,}0 \cdot 10^3 \,\text{kg m}^{-3} \cdot 4{,}0 \cdot 10^3 \,\text{m}^3 \cdot (1{,}0 \,\text{m s}^{-1})^2$
$E_k = \underline{\underline{2{,}0 \,\text{MJ}}}$

3.3 Energieerhaltungssatz der Mechanik

Aufgaben in 3.3.6 Lehrbuch S. 61 und 62

❶ a) Aus dem Energieerhaltungssatz folgt:

Energie in B = Energie in C

$E_{kB} + E_{pB} = E_{kC} + E_{pC}$

$\frac{m}{2} v_B^2 + 0 = \frac{m}{2} v_C^2 + mgh_C$

$\frac{m}{2} v_C^2 = \frac{m}{2} v_B^2 - mgh_C$

$\frac{m}{2} v_C^2 = \frac{0{,}020 \,\text{kg}}{2} \cdot (6{,}0 \,\text{m s}^{-1})^2 - 0{,}020 \,\text{kg} \cdot 9{,}81 \,\text{m s}^{-2} \cdot 2 \cdot 0{,}50 \,\text{m}$

$\frac{m}{2} v_C^2 = 0{,}1638 \,\text{J}$

Die Kugel verläßt die Rinne in C mit der kinetischen Energie $\underline{\underline{0{,}16 \,\text{J}}}$.
Damit erhält man:

$v_C = \sqrt{\frac{2 \cdot E_{kC}}{m}} = \sqrt{\frac{2 \cdot 0{,}1638 \,\text{J}}{0{,}020 \,\text{kg}}} = 4{,}047 \,\text{m s}^{-1}$

Die Kugel hat in C die Geschwindigkeit $\underline{\underline{4{,}0 \,\text{m s}^{-1}}}$.

b) 1. Aus $v^2 - v_0^2 = -2gy$ ergibt sich:
$v = \sqrt{v_0^2 - 2gy} = \sqrt{(6{,}0 \text{ m s}^{-1})^2 - 2 \cdot 9{,}81 \text{ m s}^{-2} \cdot 1{,}0 \text{ m}}$
$v = 4{,}047 \text{ m s}^{-1}$
Die Kugel hat in 1,0 m Höhe die Geschwindigkeit 4,0 m s^{-1}.

2. Aus $v^2 - v_0^2 = -2gy$ ergibt sich für den Umkehrpunkt ($v = 0$):
$$h = \frac{v_0^2}{2g} = \frac{(6{,}0 \text{ m s}^{-1})^2}{2 \cdot 9{,}81 \text{ m s}^{-2}} = 1{,}835 \text{ m}$$
Die Kugel kehrt in 1,8 m Höhe um.

3. Aus $v^2 - v_0^2 = -2gy$ ergibt sich:
$v = \overset{(\pm)}{-} \sqrt{v_0^2 - 2gy}$
$v = -\sqrt{(6{,}0 \text{ m s}^{-1})^2 - 2 \cdot 9{,}81 \text{ m s}^{-2} \cdot 1{,}0 \text{ m}} = -4{,}0 \text{ m s}^{-}$
Die Fallgeschwindigkeit in 1,0 m Höhe ist $-4{,}0 \text{ m s}^{-1}$.

❷ a) Für die potentielle Energie des Aluminiumbleches der Masse m in der Anfangslage gilt: $E_p = mg\,\Delta h$

Wenn $\Delta h = 8{,}6$ cm auf 7% genau gemessen werden konnte, ist
$(\Delta h)_{\min} = 0{,}93 \cdot 8{,}6$ cm $= 8{,}0$ cm und $(\Delta h)_{\max} = 1{,}07 \cdot 8{,}6$ cm $= 9{,}2$ cm.
Damit ergibt sich:
$E_{p\min} = mg(\Delta h)_{\min} = m \cdot 9{,}81 \text{ m s}^{-2} \cdot 8{,}0 \cdot 10^{-2} \text{ m} = 78{,}5 \cdot 10^{-2} \text{ m}^2 \text{ s}^{-2} \cdot m$
$E_{p\max} = mg(\Delta h)_{\max} = m \cdot 9{,}81 \text{ m s}^{-2} \cdot 9{,}2 \cdot 10^{-2} \text{ m} = 90{,}3 \cdot 10^{-2} \text{ m}^2 \text{ s}^{-2} \cdot m$

Für die kinetische Energie des Aluminiumbleches der Masse m beim Durchgang durch die Lichtschranke gilt:
$$E_k = \frac{m}{2} v^2 = \frac{m}{2} \cdot \left(\frac{\Delta x}{\Delta t}\right)^2$$

Wenn $\Delta x = 1{,}1$ cm auf 7% genau gemessen werden konnte, ist
$(\Delta x)_{\min} = 0{,}93 \cdot 1{,}1$ cm $= 1{,}02$ cm und $(\Delta x)_{\max} = 1{,}07 \cdot 1{,}1$ cm $= 1{,}18$ cm
Damit ergibt sich:
$$E_{k\min} = \frac{m}{2} \left(\frac{1{,}02 \cdot 10^{-2} \text{ m}}{9{,}3 \cdot 10^{-3} \text{ s}}\right)^2 = 60{,}1 \cdot 10^{-2} \text{ m}^2 \text{ s}^{-2} \cdot m$$
$$E_{k\max} = \frac{m}{2} \left(\frac{1{,}18 \cdot 10^{-2} \text{ m}}{9{,}3 \cdot 10^{-3} \text{ s}}\right)^2 = 80{,}5 \cdot 10^{-2} \text{ m}^2 \text{ s}^{-2} \cdot m$$

Im Rahmen der Meßgenauigkeit ist also $E_p = E_k$; der Energieerhaltungssatz gilt somit für dieses Beispiel.

b) Aus $\frac{m}{2} v^2 = mgh$ folgt mit $h = 2\Delta h$:

$$v = \sqrt{2gh} = \sqrt{2g \cdot 2\Delta h} = 2\sqrt{g\Delta h}$$
$$v = 2\sqrt{9{,}81 \text{ m s}^{-2} \cdot 8{,}6 \cdot 10^{-2} \text{ m}} = \underline{\underline{1{,}8 \text{ m s}^{-1}}}$$

❸ a) Aus $F = ma$ und $v^2 - v_0^2 = 2ax$ ergibt sich:

$$F = m \frac{v^2 - v_0^2}{2x} = 4{,}0 \cdot 10^5 \text{ kg} \frac{(4{,}0 \text{ m s}^{-1})^2 - (7{,}0 \text{ m s}^{-1})^2}{2 \cdot 1{,}0 \cdot 10^3 \text{ m}} = -6{,}6 \text{ kN}$$

Die mittlere Bremskraft ist $\underline{\underline{6{,}6 \text{ kN}}}$.

b) $\Delta E = E_{k1} - E_{k2} = \frac{m}{2} v_1^2 - \frac{m}{2} v_2^2 = \frac{m}{2} (v_1^2 - v_2^2)$

$$\Delta E = \frac{4{,}0 \cdot 10^5 \text{ kg}}{2} \cdot [(7{,}0 \text{ m s}^{-1})^2 - (4{,}0 \text{ m s}^{-1})^2] = \underline{\underline{6{,}6 \text{ MJ}}}$$

Die dem System verlorengegangene Energie ist 6,6 MJ.

❹ Nach dem Energieerhaltungssatz gilt:

$E_{k1} + E_{p1} = E_{k2} + E_{p2} + E_{verl}$

$\frac{m}{2} v_1^2 + 0 = 0 + mgh + 0{,}10 \cdot \frac{m}{2} v_1^2$

$0{,}90 \cdot \frac{m}{2} v_1^2 = mgh$

Mit $h = s \cdot \sin \varepsilon$ ergibt sich:

$0{,}90 \cdot \frac{m}{2} v_1^2 = mgs \sin \varepsilon \qquad |: mg$

$\frac{0{,}90 \, v_1^2}{2g} = s \sin \varepsilon$

$h = s \cdot \sin \varepsilon$

Daraus folgt:

$$s = \frac{0{,}90 \cdot v_1^2}{2g \sin \varepsilon} = \frac{0{,}90 \cdot \left(\frac{90}{3{,}6} \text{ m s}^{-1}\right)^2}{2 \cdot 9{,}81 \text{ m s}^{-2} \cdot \sin 15°} = \underline{\underline{0{,}11 \text{ km}}}$$

Der Wagen kommt 0,11 km weit.

❺ Nach dem Energieerhaltungssatz gilt:

$E_{k1} + E_{p1} = E_{k2} + E_{p2} + E_W$

$\frac{m}{2}v_1^2 + 0 = 0 + mgh + 0{,}19 \cdot mgs \quad \Big| : \frac{m}{2}$

$v_1^2 = 2gh + 2 \cdot 0{,}19 gs$

Mit $h = s \cdot \sin \varepsilon$ ergibt sich:

$v_1^2 = 2gs \cdot \sin \varepsilon + 2 \cdot 0{,}19 gs$

$v_1^2 = 2gs(\sin \varepsilon + 0{,}19)$

Daraus folgt:

$s = \dfrac{v_1^2}{2g(\sin \varepsilon + 0{,}19)}$

$s = \dfrac{\left(\frac{80}{3{,}6}\,\text{m s}^{-1}\right)^2}{2 \cdot 9{,}81\,\text{m s}^{-2}(\sin 17° + 0{,}19)} = \underline{\underline{52\,\text{m}}}$

$h = s \cdot \sin \epsilon$

Der Wagen hält nach 52 m.

❻ Nach dem Energieerhaltungssatz muß die Energie im tiefsten Punkt mit der Energie an einer beliebigen Stelle y übereinstimmen:

$\frac{1}{2}D(l+A)^2 = \frac{1}{2}D(l-y)^2 + mg(A+y) + \frac{1}{2}mv^2$

$Dl^2 + 2DlA + DA^2 = Dl^2 - 2Dly + Dy^2 + 2mgA + 2mgy + mv^2$

Mit $Dl = mg$ folgt:

$DA^2 = Dy^2 + mv^2$

$v^2 = \dfrac{D}{m}(A^2 - y^2)$

$v = \sqrt{\dfrac{D}{m}} \cdot \sqrt{A^2 - y^2}$

$v = \sqrt{\dfrac{D}{m}} \cdot \sqrt{A^2 - A^2(\sin kt)^2} = \sqrt{\dfrac{D}{m}} \cdot A\sqrt{1-(\sin kt)^2}$

$\underline{\underline{v = A\sqrt{\dfrac{D}{m}} \cos kt}}$

Offene Aufgabenstellung

Zunächst muß das Dehnungs-Kraft-Diagramm des Gummiseils aufgenommen werden (Abb. 1, siehe nächste Seite).

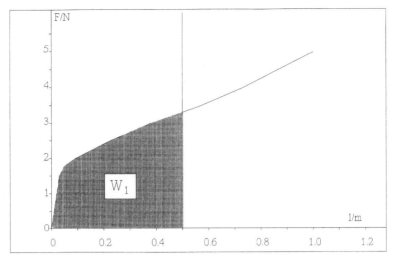

Abb. 1

Die Arbeit W_1, die beim Dehnen des Seils um die Länge l_1 verrichtet werden muß, entspricht der Fläche unter dem Graphen im l-F-Diagramm.
Damit der Bungeespringer den Boden nicht berührt, muß sich die Höhenenergie E_h, die der Springer vor dem Absprung aus der Höhe h hat, vollständig in Spannenergie des Gummiseils umwandeln. Es muß also gelten:

$E_h < W_1$

Wenn l_0 die Länge des ungedehnten Seils ist, so gilt:

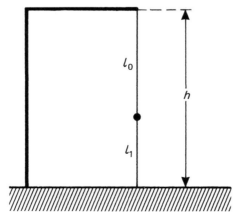

$h = l_0 + l_1$ und $E_h = mg(l_0 + l_1)$
(s. Abb. 2)

l_1 muß nun so bestimmt werden, daß $E_h < W_1$ ist.

Abb. 2

Dazu muß für verschiedene Dehnungen l_1 jeweils die Höhenenergie E_h und die Arbeit W_1 bestimmt werden. Die Berechnung von W_1 gelingt, wenn man die Fläche im l-F-Diagramm durch geeignete, leicht zu berechnende Flächen (z. B. Trapezflächen) annähert. Wesentlich bequemer ist die Flächenberechnung jedoch mit dem Tabellenkalkulationsprogramm VIVITAB.
Die folgende Tabelle enthält die Ergebnisse für ein Gummiseil mit dem Dehnungs-Kraft-Diagramm der Abb. 1 bei

$m = 50{,}0$ g und $l_0 = 1{,}89$ m.

$\dfrac{l_1}{\text{m}}$	0,400	0,450	0,500	0,550
$\dfrac{W_1}{\text{J}}$	0,896	1,05	1,22	1,38
$\dfrac{E_h}{\text{J}}$	1,12	1,15	1,17	1,20

$E_h < W_1$ gilt also etwa für $l_1 > 0{,}5$ m. Das Gewichtstück muß also von der Höhe $h > l_0 + l_1 = 2{,}4$ m abgeworfen werden.

3.4 Impuls und Impulserhaltungssatz

Aufgabe in 3.4.1 Lehrbuch S. 64

❶ Die Spannenergie E_p der Feder liefert die kinetischen Energien der beiden Gleiter.

$\frac{1}{2}Ds^2 = \frac{1}{2}m_1v_1^2 + \frac{1}{2}m_2v_2^2$
$Ds^2 = m_1v_1^2 + m_2v_2^2$ \quad (I)

Da die Gleiter vor dem Durchbrennen des Fadens in Ruhe waren, gilt ferner:

$m_1v_1 = -m_2v_2$ \quad (II)

Mit $m_2 = 2m_1$ folgt:

$m_1v_1 = -2m_1v_2$ \quad $|:m_1$
$v_1 = -2v_2$

Eingesetzt in (I):

$Ds^2 = m_1(-2v_2)^2 + 2m_1v_2^2$
$Ds^2 = 6m_1v_2^2$
$v_2^2 = \dfrac{Ds^2}{6m_1}$

$$v_2^2 = \frac{2E_p}{6m_1} = \frac{E_p}{3m_1}$$

$$\underline{\underline{v_2 = \sqrt{\frac{E_p}{3m_1}}}}$$

Mit $v_1 = -2v_2$ ergibt sich:

$$\underline{\underline{v_1 = -2\sqrt{\frac{E_p}{3m_1}}}}$$

Aufgaben in 3.4.3 Lehrbuch S. 66

❶ Nach dem Impulserhaltungssatz gilt:
$$m_1v_1 + m_2v_2 = (m_1 + m_2)u$$
$$u = \frac{m_1v_1 + m_2v_2}{m_1 + m_2} = \frac{70\,\text{kg} \cdot 5{,}0\,\text{m s}^{-1} + 0}{70\,\text{kg} + 100\,\text{kg}} = \underline{\underline{2{,}1\,\text{m s}^{-1}}}$$

Der Kahn bewegt sich mit der Geschwindigkeit $2{,}1\,\text{m s}^{-1}$ weiter.

❷ a) 1. Kugel: $\quad v = v_1 \quad u = 0$
   5. Kugel: $\quad v = 0 \quad u = v_1$

Impulserhaltungssatz:
$$p = p'$$
$$mv_1 + m \cdot 0 = m \cdot 0 + mv_1 \quad \text{ist erfüllt.}$$

Energieerhaltungssatz:
$$E = E'$$
$$\frac{m}{2}v_1^2 + \frac{m}{2} \cdot 0 = \frac{m}{2} \cdot 0 + \frac{m}{2}v_1^2 \quad \text{ist erfüllt.}$$

b) Impulserhaltungssatz:
$$mv_1 + 0 = 0 + mu_1 + mu_2$$
$$v_1 = u_1 + u_2 \quad \text{(I)}$$

Energieerhaltungssatz:
$$\frac{m}{2}v_1^2 + 0 = 0 + \frac{m}{2}u_1^2 + \frac{m}{2}u_2^2$$
$$v_1^2 = u_1^2 + u_2^2 \quad \text{(II)}$$

Aus (I) folgt:
$$v_1^2 = u_1^2 + 2u_1 u_2 + u_2^2 \quad \text{(III)}$$
Aus (II) und (III) folgt:
$u_1 = 0$ oder $u_2 = 0$ (oder $u_1 = u_2 = 0$; dann wäre auch $v_1 = 0$.)
Es kann also nur eine Kugel wegfliegen.

Aufgaben in 3.4.4   Lehrbuch S. 67

Vorbemerkung:
Bei den meisten Aufgaben ist die Masse konstant. Dann kann die Gleichung
$$F = m \frac{\Delta v}{\Delta t}$$
benützt werden.

Ist die Masse nicht konstant, so muß man $F = \dfrac{\Delta(mv)}{\Delta t}$ verwenden.

❶ $F = \dfrac{m \Delta v}{\Delta t} = \dfrac{7{,}0 \cdot 10^2 \text{ kg} \cdot \dfrac{72}{3{,}6} \text{ m s}^{-1}}{0{,}10 \text{ s}} = \underline{\underline{1{,}4 \cdot 10^5 \text{ N}}}$

Es wirkt die mittlere Kraft $1{,}4 \cdot 10^5$ N.

❷ a) Aus $F = \dfrac{m \cdot \Delta v}{\Delta t}$ folgt:

$$\Delta t = \frac{m \Delta v}{F} = \frac{0{,}060 \text{ kg} \cdot 13 \text{ m s}^{-1}}{20 \text{ N}} = \underline{\underline{3{,}9 \cdot 10^{-2} \text{ s}}}$$

Die Kraft wirkt 39 ms lang.

b) Aus $F = \dfrac{m \cdot \Delta v}{\Delta t}$ folgt:

$$\Delta v = \frac{F \Delta t}{m} = \frac{30 \text{ N} \cdot 3{,}9 \cdot 10^{-2} \text{ s}}{0{,}060 \text{ kg}} = 19{,}5 \text{ m s}^{-1}$$

Mit $v_1 = 13 \text{ m s}^{-1}$ ergibt sich bei $\Delta v = 19{,}5 \text{ m s}^{-1}$ entweder $v_2 = 32{,}5 \text{ m s}^{-1}$ oder $v_2' = -6{,}5 \text{ m s}^{-1}$.
Da der Ball zurückgeschlagen wird, kommt er mit der Geschwindigkeit $\underline{\underline{6{,}5 \text{ m s}^{-1}}}$ zurück.

c) Aus $p = mv$ folgt bei konstantem m:
$\Delta p = \Delta(mv) = m\Delta v$
$\Delta p = 0{,}060 \text{ kg} \cdot 19{,}5 \text{ m s}^{-1} = 1{,}2 \text{ kg m s}^{-1} = \underline{\underline{1{,}2 \text{ N s}}}$
Der Betrag der Impulsänderung ist 1,2 N s.

3 a) Mit $v = -gt$ und $p = mv$ erhält man:
$p = m(-gt) = -1{,}4 \text{ kg} \cdot 9{,}81 \text{ m s}^{-2} \cdot 2{,}1 \text{ s} = -29 \text{ kg m s}^{-1} = \underline{\underline{-29 \text{ N s}}}$
Der Körper trifft mit einem Impuls von -29 N s auf.

b) $\Delta p = m\Delta v = m(v_2 - v_1)$
$\Delta p = 1{,}4 \text{ kg} \cdot [2{,}8 \text{ m s}^{-1} - (-9{,}81 \text{ m s}^{-2} \cdot 2{,}1 \text{ s})] = 32{,}76 \text{ N s}$
$\Delta p = \underline{\underline{33 \text{ N s}}}$
Die Impulsänderung ist 33 N s.

c) $F = \dfrac{\Delta p}{\Delta t} = \dfrac{32{,}76 \text{ N s}}{5{,}0 \cdot 10^{-2} \text{ s}} = \underline{\underline{0{,}66 \text{ kN}}}$

Es wirkt im Mittel die Kraft 0,66 kN.

4 Aus $F = \dfrac{m\Delta v}{\Delta t}$ ergibt sich:

a) $\Delta t = \dfrac{m\Delta v}{F} = \dfrac{8{,}1 \cdot 10^2 \text{ kg} \cdot \dfrac{60 - 24}{3{,}6} \text{ m s}^{-1}}{1{,}8 \cdot 10^3 \text{ N}} = \underline{\underline{4{,}5 \text{ s}}}$

b) Die beschleunigende Kraft ist jetzt $F^* = F - \mu mg$. Damit ergibt sich:

$\Delta t^* = \dfrac{m\Delta v}{F^*} = \dfrac{m\Delta v}{F - \mu mg}$

$\Delta t^* = \dfrac{8{,}1 \cdot 10^2 \text{ kg} \cdot \dfrac{60 - 24}{3{,}6} \text{ m s}^{-1}}{1{,}8 \cdot 10^3 \text{ N} - 0{,}050 \cdot 8{,}1 \cdot 10^2 \text{ kg} \cdot 9{,}81 \text{ m s}^{-2}} = \underline{\underline{5{,}8 \text{ s}}}$

5 a) Die Gewichtskraft der Rakete beträgt:
$F_G = mg = 200 \cdot 10^3 \text{ kg} \cdot 9{,}81 \text{ m s}^{-2} = 1{,}96 \text{ MN}$
Die Rakete hebt gerade senkrecht von der Erde ab, wenn die Schubkraft $\vec{F}$ etwas größer ist als $\underline{\underline{1{,}96 \text{ MN}}}$ und entgegengesetzt zur Gewichtskraft wirkt.

b) a) $\bar{F} = \dfrac{\Delta(mv)}{\Delta t} = \dfrac{0{,}70 \cdot 10^3 \text{ kg} \cdot 4{,}0 \cdot 10^3 \text{ m s}^{-1}}{1{,}0 \text{ s}} = 2{,}96 \cdot 10^6 \text{ N}$

$\underline{\underline{\bar{F} = 3{,}0 \text{ MN}}}$

b) Aus $F = ma$ folgt, da die Masse nahezu 200 t bleibt:

$\bar{a} = \dfrac{\bar{F}}{m} = \dfrac{2{,}96 \cdot 10^6 \text{ N}}{200 \cdot 10^3 \text{ kg}} = 14{,}8 \text{ m s}^{-2}$

$a_{\text{Hub}} = \bar{a} - g = 14{,}8 \text{ m s}^{-2} - 9{,}81 \text{ m s}^{-2} = \underline{\underline{5{,}0 \text{ m s}^{-2}}}$

❻ a) Der Impuls vor dem Abfeuern des Geschoßes ist Null. Nach dem Impulserhaltungssatz ist damit auch der Gesamtimpuls nach dem Abfeuern Null. Der Impuls (Rückstoß) des Gewehres ist deshalb entgegengesetzt zum Impuls des Geschoßes gerichtet.

b) Aus $m_1 v_1 + m_2 v_2 = 0$ folgt:

$v_2 = -\dfrac{m_1 v_1}{m_2} = -\dfrac{0{,}010 \text{ kg} \cdot 0{,}80 \cdot 10^3 \text{ m s}^{-1}}{5{,}0 \text{ kg}} = \underline{\underline{-1{,}6 \text{ m s}^{-1}}}$

c) $\bar{F} = \dfrac{m \Delta v}{\Delta t} = \dfrac{5{,}0 \text{ kg} \cdot 1{,}6 \text{ m s}^{-1}}{0{,}15 \text{ s}} = \underline{\underline{53 \text{ N}}}$

Aufgaben in 3.4.5   Lehrbuch S. 71 bis 73

❶ a) Aus dem Impulserhaltungssatz

$m_1 v_1 + m_2 v_2 = (m_1 + m_2) u$ folgt:

$u = \dfrac{m_1 v_1 + m_2 v_2}{m_1 + m_2}$

$u = \dfrac{4{,}0 \text{ kg} \cdot 8{,}0 \text{ m s}^{-1} + 3{,}0 \text{ kg} \cdot 5{,}0 \text{ m s}^{-1}}{4{,}0 \text{ kg} + 3{,}0 \text{ kg}} = \underline{\underline{6{,}7 \text{ m s}^{-1}}}$

b) Aus dem Impulserhaltungssatz

$m_1 v_1 + m_2 v_2 = m_1 u_1 + m_2 u_2$

und dem Erhaltungssatz der mechanischen Energie

$\tfrac{1}{2} m_1 v_1^2 + \tfrac{1}{2} m_2 v_2^2 = \tfrac{1}{2} m_1 u_1^2 + \tfrac{1}{2} m_2 u_2^2$

folgt (Herleitung siehe Lehrbuch S. 69 und 70):

$$u_1 = \frac{(m_1 - m_2)v_1 + 2m_2 v_2}{m_1 + m_2}$$

$$u_1 = \frac{(4{,}0\text{ kg} - 3{,}0\text{ kg}) \cdot 8{,}0\text{ m s}^{-1} + 2 \cdot 3{,}0\text{ kg} \cdot 5{,}0\text{ m s}^{-1}}{4{,}0\text{ kg} + 3{,}0\text{ kg}} = \underline{\underline{5{,}4\text{ m s}^{-1}}}$$

$$u_2 = \frac{(m_2 - m_1)v_2 + 2m_1 v_1}{m_1 + m_2}$$

$$u_2 = \frac{(3{,}0\text{ kg} - 4{,}0\text{ kg}) \cdot 5{,}0\text{ m s}^{-1} + 2 \cdot 4{,}0\text{ kg} \cdot 8{,}0\text{ m s}^{-1}}{4{,}0\text{ kg} + 3{,}0\text{ kg}} = \underline{\underline{8{,}4\text{ m s}^{-1}}}$$

❷ In diesem Fall ist $v_2 = -5{,}0\text{ m s}^{-1}$.
Analog zur Aufgabe ❶ ergibt sich:

a) $u = \dfrac{m_1 v_1 + m_2 v_2}{m_1 + m_2}$

$$u = \frac{4{,}0\text{ kg} \cdot 8{,}0\text{ m s}^{-1} + 3{,}0\text{ kg} \cdot (-5{,}0\text{ m s}^{-1})}{4{,}0\text{ kg} + 3{,}0\text{ kg}} = \underline{\underline{2{,}4\text{ m s}^{-1}}}$$

b) $u_1 = \dfrac{(m_1 - m_2)v_1 + 2m_2 v_2}{m_1 + m_2}$

$$u_1 = \frac{(4{,}0\text{ kg} - 3{,}0\text{ kg}) \cdot 8{,}0\text{ m s}^{-1} + 2 \cdot 3{,}0\text{ kg} \cdot (-5{,}0\text{ m s}^{-1})}{4{,}0\text{ kg} + 3{,}0\text{ kg}}$$

$u_1 = \underline{\underline{-3{,}1\text{ m s}^{-1}}}$

$u_2 = \dfrac{(m_2 - m_1)v_2 + 2m_1 v_1}{m_1 + m_2}$

$$u_2 = \frac{(3{,}0\text{ kg} - 4{,}0\text{ kg}) \cdot (-5{,}0\text{ m s}^{-1}) + 2 \cdot 4{,}0\text{ kg} \cdot 8{,}0\text{ m s}^{-1}}{4{,}0\text{ kg} + 3{,}0\text{ kg}}$$

$u_2 = \underline{\underline{9{,}9\text{ m s}^{-1}}}$

❸ a) Aus $u_1 = \dfrac{(m_1 - m_2)v_1 + 2m_2 v_2}{m_1 + m_2}$ folgt mit $u_1 = 0$:

$(m_1 - m_2)v_1 + 2m_2 v_2 = 0$

$$v_2 = \frac{(m_2 - m_1)v_1}{2m_2} = \frac{(10\text{ kg} - 4{,}0\text{ kg}) \cdot 6{,}0\text{ m s}^{-1}}{2 \cdot 10\text{ kg}} = \underline{\underline{1{,}8\text{ m s}^{-1}}}$$

b) $u_2 = \dfrac{(m_2 - m_1)v_2 + 2m_1 v_1}{m_1 + m_2}$

$u_2 = \dfrac{(10\,\text{kg} - 4{,}0\,\text{kg}) \cdot 1{,}8\,\text{m s}^{-1} + 2 \cdot 4{,}0\,\text{kg} \cdot 6{,}0\,\text{m s}^{-1}}{4{,}0\,\text{kg} + 10\,\text{kg}} = \underline{\underline{4{,}2\,\text{m s}^{-2}}}$

4 a) 1. Aus $u_1 = \dfrac{(m_1 - m_2)v_1 + 2m_2 v_2}{m_1 + m_2}$ ergibt sich mit $v_2 = 0$ und $m_1 = m_2$:

$\underline{\underline{u_1 = 0}}$

Aus $u_2 = \dfrac{(m_2 - m_1)v_2 + 2m_1 v_1}{m_1 + m_2}$ ergibt sich mit $v_2 = 0$ und $m_1 = m_2$:

$u_2 = \dfrac{2m_1 v_1}{2m_1} = \underline{\underline{v_1}}$

2. Mit $m_2^* = 12 m_1$ und $v_2 = 0$ erhält man analog:

$u_1^* = \dfrac{(m_1 - 12m_1)v_1 + 2 \cdot 12 m_1 v_2}{m_1 + 12 m_1} = \dfrac{-11 m_1 v_1}{13 m_1} = \underline{\underline{-\tfrac{11}{13} v_1}}$

$u_2^* = \dfrac{(12 m_1 - m_1)\cdot v_2 + 2 m_1 v_1}{m_1 + 12 m_1} = \dfrac{2 m_1 v_1}{13 m_1} = \underline{\underline{\tfrac{2}{13} v_1}}$

b) 1. $\dfrac{E_{kH}}{\Delta E_{k,n}} = \dfrac{\tfrac{1}{2} m_2 \cdot u_2^2}{\tfrac{1}{2} m_1 \cdot v_1^2} = \dfrac{v_1^2}{v_1^2} = \underline{\underline{100\,\%}}$ mit $m_2 = m_1$

2. $\dfrac{E_{kC}}{\Delta E_{k,n}} = \dfrac{\tfrac{1}{2} m_2^* \cdot u_2^{*2}}{\tfrac{1}{2} m_1 \cdot v_1^2} = \dfrac{12 m_1 \cdot (\tfrac{2}{13} v_1)^2}{m_1 \cdot v_1^2} = \dfrac{12 \cdot 4}{169} = \underline{\underline{28{,}4\,\%}}$

5 a) Elastischer Stoß: $v_2 = 0;\ u_2 = 0$

$u_1 = \dfrac{(m_1 - m_2) v_1 + 2 m_2 v_2}{m_1 + m_2} = \dfrac{\left(\dfrac{m_1}{m_2} - 1\right) v_1 + 2 v_2}{\dfrac{m_1}{m_2} + 1}$

Für $m_2 \to \infty$ folgt: $\lim\limits_{m_2 \to \infty} \dfrac{m_1}{m_2} = 0$

Damit ergibt sich mit $v_2 = 0$:

$u_1 = \dfrac{-v_1}{1} = \underline{\underline{-v_1}}$

Kinetische Energie vor dem Stoß: Kinetische Energie nach dem Stoß:

$E = \frac{1}{2}m_1 v_1^2 + 0$ $\qquad\qquad E' = \frac{1}{2}m_1 u_1^2 + 0$

Mit $u_1 = -v_1$ folgt: $\underline{\underline{E = E'}}$

b) Unelastischer Stoß: $v_2 = 0$; $\underline{\underline{u = 0}}$

Kinetische Energie vor dem Stoß: Kinetische Energie nach dem Stoß:

$E = \frac{1}{2}m_1 v_1^2$ $\qquad\qquad E' = 0$

Verlust an mechanischer Energie:

$\Delta E = \underline{\underline{E - E' = \frac{1}{2}m_1 v_1^2}}$

❻ Es gilt $m_1 = m_2 = m$

a) 1. Elastischer Stoß:

$$u_1 = \frac{(m_1 - m_2)v_1 + 2m_2 v_2}{m_1 + m_2} = \frac{2mv_2}{2m} = \underline{\underline{v_2}}$$

$$u_2 = \frac{(m_2 - m_1)v_2 + 2m_1 v_1}{m_1 + m_2} = \frac{2mv_1}{2m} = \underline{\underline{v_1}}$$

2. Unelastischer Stoß:

$$u = \frac{m_1 v_1 + m_2 v_2}{m_1 + m_2} = \frac{m(v_1 + v_2)}{2m} = \underline{\underline{\frac{v_1 + v_2}{2}}}$$

b) 1. Elastischer Stoß:

Kinetische Energie vor dem Stoß: Kinetische Energie nach dem Stoß:

$E = \frac{1}{2}mv_1^2 + \frac{1}{2}mv_2^2$ $\qquad E' = \frac{1}{2}mu_1^2 + \frac{1}{2}mu_2^2$

Mit $u_1 = v_2$ und $u_2 = v_1$ folgt: $\underline{\underline{E = E'}}$

2. Unelastischer Stoß:

Kinetische Energie vor dem Stoß: Kinetische Energie nach dem Stoß:

$E = \frac{1}{2}mv_1^2 + \frac{1}{2}mv_2^2$ $\qquad E' = \frac{1}{2}m\left(\frac{v_1 + v_2}{2}\right)^2 +$
$\qquad\qquad\qquad\qquad\qquad\qquad\qquad + \frac{1}{2}m\left(\frac{v_1 + v_2}{2}\right)^2$

Verlust an mechanischer Energie:

$$\Delta E = E - E' = \frac{1}{2}m\left[v_1^2 + v_2^2 - 2\cdot\left(\frac{v_1 + v_2}{2}\right)^2\right]$$

$$\Delta E = \tfrac{1}{2}m\,\frac{2v_1^2 + 2v_2^2 - v_1^2 - 2v_1v_2 - v_2^2}{2}$$

$$\Delta E = \frac{m(v_1^2 - 2v_1v_2 + v_2^2)}{4} = \underline{\underline{\frac{m(v_1 - v_2)^2}{4}}}$$

❼ a) Die Deformationsarbeit ist gleich dem Energieverlust ΔE.

$$\Delta E = E - E'$$

$$\Delta E = (\tfrac{1}{2}m_1 v_1^2 + \tfrac{1}{2}m_2 v_2^2) - \tfrac{1}{2}(m_1 + m_2)u^2$$

Mit $u = \dfrac{m_1 v_1 + m_2 v_2}{m_1 + m_2}$ (s. Lehrbuch S. 68) ergibt sich:

$$\Delta E = \tfrac{1}{2}\left[m_1 v_1^2 + m_2 v_2^2 - (m_1 + m_2)\left(\frac{m_1 v_1 + m_2 v_2}{m_1 + m_2}\right)^2\right]$$

$$\Delta E = \tfrac{1}{2}\,\frac{(m_1 v_1^2 + m_2 v_2^2)(m_1 + m_2) - (m_1 v_1 + m_2 v_2)^2}{m_1 + m_2}$$

$$\Delta E = \tfrac{1}{2}\,\frac{m_1^2 v_1^2 + m_1 m_2 v_1^2 + m_1 m_2 v_2^2 + m_2^2 v_2^2 - m_1^2 m_2^2 - 2m_1 m_2 v_1 v_2 - m_2^2 v_2^2}{m_1 + m_2}$$

$$\Delta E = \tfrac{1}{2}\,\frac{m_1 m_2 v_1^2 + m_1 m_2 v_2^2 - 2m_1 m_2 v_1 v_2}{m_1 + m_2}$$

$$\Delta E = \frac{m_1 m_2 (v_1 - v_2)^2}{2(m_1 + m_2)}$$

$$\Delta E = \frac{m_1 (v_1 - v_2)^2}{2\left(\dfrac{m_1}{m_2} + 1\right)}$$

1. $\Delta E = \dfrac{1{,}6 \cdot 10^3 \text{ kg} \cdot 800 \text{ kg}}{2(1{,}6 \cdot 10^3 \text{ kg} + 800 \text{ kg})} \cdot \left(\dfrac{90}{3{,}6}\,\text{m s}^{-1} - \dfrac{72}{3{,}6}\,\text{m s}^{-1}\right)^2$

$\Delta E = \underline{\underline{6{,}7 \cdot 10^3 \text{ J}}}$

2. Mit $\lim\limits_{m_2 \to \infty} \dfrac{m_1}{m_2} = 0$ und $v_2 = 0$ folgt:

$$\Delta E = \frac{m_1(v_1 - 0)^2}{2(0 + 1)} = \frac{1{,}6 \cdot 10^3 \text{ kg}}{2}\left(\frac{90}{3{,}6}\,\text{m s}^{-1}\right)^2 = \underline{\underline{5{,}0 \cdot 10^5 \text{ J}}}$$

3. $\Delta E = \dfrac{1{,}6 \cdot 10^3 \text{ kg} \cdot 800 \text{ kg}}{2(1{,}6 \cdot 10^3 \text{ kg} + 800 \text{ kg})} \left[\dfrac{90}{3{,}6} \text{ m s}^{-1} - \left(-\dfrac{54}{3{,}6} \text{ m s}^{-1}\right) \right]^2$

$\Delta E = \underline{4{,}3 \cdot 10^5 \text{ J}}$

4. $\Delta E = \dfrac{1{,}6 \cdot 10^3 \text{ kg} \cdot 3{,}6 \cdot 10^3 \text{ kg}}{2 \cdot (1{,}6 \cdot 10^3 \text{ kg} + 3{,}6 \cdot 10^3 \text{ kg})} \cdot \left[\dfrac{90}{3{,}6} \text{ m s}^{-1} - \left(-\dfrac{72}{3{,}6} \text{ m s}^{-1}\right) \right]^2$

$\Delta E = \underline{1{,}1 \cdot 10^6 \text{ J}}$

b) Aus $F = ma$ und $W = \Delta E = F\Delta x$ folgt:

$a = \dfrac{F}{m} = \dfrac{\Delta E}{\Delta x \cdot m} = \dfrac{5{,}0 \cdot 10^5 \text{ J}}{0{,}50 \text{ m} \cdot 1{,}6 \cdot 10^3 \text{ kg}} = \underline{\underline{6{,}3 \cdot 10^2 \text{ m s}^{-2}}}$

Vergleich mit der Fallbeschleunigung:

$\dfrac{a}{g} = \dfrac{6{,}3 \cdot 10^2 \text{ m s}^{-2}}{9{,}81 \text{ m s}^{-2}} = 64$

Also $a = \underline{64 \cdot g}$

8 a) Da die Masse m_1 des Tennisballes im Vergleich zur Masse m_2 des Lastwagens Null gesetzt werden kann, folgt aus $u_1 = \dfrac{(m_1 - m_2)v_1 + 2m_2v_2}{m_1 + m_2}$:

$u_1 = \dfrac{-m_2 v_1 + 2m_2 v_2}{m_2} = -v_1 + 2v_2$

$u_1 = -15 \text{ m s}^{-1} + 2 \cdot \dfrac{18}{3{,}6} \text{ m s}^{-1} = \underline{-5{,}0 \text{ m s}^{-1}}$

Der Ball hat nach dem Aufprall die Geschwindigkeit $-5{,}0 \text{ m s}^{-1}$.

b) $\dfrac{\Delta E}{E} = \dfrac{\frac{1}{2}m_1 v_1^2 - \frac{1}{2}m_1 u_1^2}{\frac{1}{2}m_1 v_1^2} = \dfrac{v_1^2 - u_1^2}{v_1^2} = \dfrac{(15 \text{ m s}^{-1})^2 - (-5{,}0 \text{ m s}^{-1})^2}{(15 \text{ m s}^{-1})^2}$

$\dfrac{\Delta E}{E} = 0{,}89 = \underline{\underline{89\,\%}}$

Der Ball verliert 89 % seiner kinetischen Energie.

Der Lastwagen nimmt die Energie ΔE auf, die der Ball abgibt; der Lastwagen wird dadurch geringfügig schneller.

9 a) $u_2 = \dfrac{(m_2 - m_1)v_2 + 2m_1 v_1}{m_1 + m_2}$ liefert mit $v_2 = 0$:

$u_2 = \dfrac{2m_1 v_1}{m_1 + m_2}$

Damit ergibt sich:

$\dfrac{E_{u_2}}{E_{v_1}} = \dfrac{\frac{1}{2}m_2 \left(\dfrac{2m_1 v_1}{m_1 + m_2}\right)^2}{\frac{1}{2}m_1 v_1^2} = \dfrac{m_2 \left(\dfrac{2m_1}{m_1 + m_2}\right)^2}{m_1}$

$\dfrac{E_{u_2}}{E_{v_1}} = \dfrac{m_2 \cdot 4m_1^2}{m_1(m_1^2 + 2m_1 m_2 + m_2^2)} = \underline{\underline{\dfrac{4}{\dfrac{m_1}{m_2} + 2 + \dfrac{m_2}{m_1}}}}$

b) 1. Für $m_1 = m_2$ ergibt sich:

$\dfrac{E_{u_2}}{E_{v_1}} = \dfrac{4}{1 + 2 + 1} = 1 = \underline{\underline{100\,\%}}$

2. Für $m_1 = \frac{1}{200} m_2$ ergibt sich:

$\dfrac{E_{u_2}}{E_{v_1}} = \dfrac{4}{\frac{1}{200} + 2 + 200} = \underline{\underline{1{,}98\,\%}}$

Für $m_1 \ll m_2$ gilt: $\dfrac{E_{u_2}}{E_{v_1}} \to 0$

3. Für $m_1 = 200 m_2$ ergibt sich:

$\dfrac{E_{u_2}}{E_{v_1}} = \dfrac{4}{200 + 2 + \frac{1}{200}} = \underline{\underline{1{,}98\,\%}}$

Für $m_1 \gg m_2$ gilt: $\dfrac{E_{u_2}}{E_{v_1}} \to 0$

Am meisten Energie wird übertragen, wenn beide Kugeln gleiche Masse haben, am wenigsten, wenn das Verhältnis $m_1 : m_2$ der Massen gegen Null oder gegen Unendlich strebt.

c) Aus $u = \dfrac{m_1 v_1 + m_2 v_2}{m_1 + m_2}$ ergibt sich mit $v_2 = 0$:

$\dfrac{E_u}{E_{v_1}} = \dfrac{\frac{1}{2}m_2 \left(\dfrac{m_1 v_1}{m_1 + m_2}\right)^2}{\frac{1}{2}m_1 v_1^2} = \dfrac{m_1 m_2}{(m_1 + m_2)^2} = \dfrac{m_1 m_2}{m_1^2 + 2m_1 m_2 + m_2^2}$

$$\frac{E_u}{E_{v_1}} = \frac{1}{\dfrac{m_1}{m_2} + 2 + \dfrac{m_2}{m_1}}$$

Für $\dfrac{m_1}{m_2} = 1$ erhält man:

$$\frac{E_u}{E_{v_1}} = \frac{1}{1+2+1} = \tfrac{1}{4} = \underline{\underline{25\%}}$$

10 a) Die kinetische Energie des ballistischen Pendels geht in potentielle Energie über.

Aus $\dfrac{m_1 + m_2}{2} u^2 = (m_1 + m_2)gh$ folgt:

$u^2 = 2gh$
$u = \sqrt{2gh}$

Mit dem Impulserhaltungssatz ergibt sich:

$m_1 v + 0 = (m_1 + m_2)u$

$$\underline{\underline{v = \frac{m_1 + m_2}{m_1} \sqrt{2gh}}}$$

b) Nach dem Höhensatz gilt:

$x^2 = (2l - h)h = 2lh - h^2$

Da h sehr klein ist, gilt näherungsweise:

$x^2 = 2lh$

$$\underline{\underline{h = \frac{x^2}{2l}}}$$

11 a) Das untere Protokoll gehört zum vollkommen unelastischen Stoß, da die Geschwindigkeiten der beiden Gleiter nach dem Stoß gleich sind.

b) *Nahezu elastischer Stoß* (oberes Bild)
Der Gleiter 1 gleitet mit größerer Geschwindigkeit hinter dem Gleiter 2 her, holt ihn ein und bewegt sich nach dem Stoß in der Gegenrichtung weg. Der Gleiter 2 bewegt sich nach dem Stoß in der gleichen Richtung wie vor dem Stoß, aber mit erhöhter Geschwindigkeit weiter.

Vollkommen unelastischer Stoß (unteres Bild)
Der Gleiter 1 bewegt sich auf den ruhenden Gleiter 2 zu. Nach dem Stoß hängen die beiden Gleiter zusammen und bewegen sich gemeinsam weiter. Die Bewegungsrichtung der beiden Gleiter nach dem Stoß ist die gleiche wie die des Gleiters 1 vor dem Stoß.

c) *Nahezu elastischer Stoß* (oberes Bild)
$$\frac{\Delta p}{p} = \frac{p'-p}{p} = \frac{112{,}4 \text{ mN s} - 115{,}3 \text{ mN s}}{115{,}3 \text{ mN s}} = -0{,}025 = \underline{\underline{-2{,}5\,\%}}$$
Der Impuls hat um 2,5 % abgenommen.

Vollkommen unelastischer Stoß (unteres Bild)
$$\frac{\Delta p}{p} = \frac{p'-p}{p} = \frac{67{,}0 \text{ mN s} - 68{,}5 \text{ mN s}}{68{,}5 \text{ mN s}} = -0{,}022 = \underline{\underline{-2{,}2\,\%}}$$
Der Impuls hat um 2,2 % abgenommen.

Wegen der unvermeidlichen Reibung wird ein geringer Teil des ursprünglich vorhandenen Impulses auf die Schiene übertragen.

4 Einfache krummlinige Bewegungen

4.1 Waagrechter Wurf

Aufgaben in 4.1.4   Lehrbuch S. 78 bis 80

❶ Aus $x_w = v_0 \sqrt{\dfrac{2h}{g}}$ folgt:

$$v_0 = x_w \sqrt{\dfrac{g}{2h}} = 2{,}8\ \text{m} \cdot \sqrt{\dfrac{9{,}81\ \text{m}\,\text{s}^{-2}}{2 \cdot 1{,}0\ \text{m}}} = \underline{\underline{6{,}2\ \text{m}\,\text{s}^{-1}}}$$

❷ a) Da $t = t_{\text{Fall}}$ ist, ergibt sich t aus $y(t) = -\tfrac{1}{2}gt^2$:

$$t = \sqrt{\dfrac{2y_w}{-g}} = \sqrt{\dfrac{2 \cdot (-180\ \text{m})}{-9{,}81\ \text{m}\,\text{s}^{-2}}} = \underline{\underline{6{,}06\ \text{s}}}$$

Daraus folgt:

$$x_w = v_0 t = 80{,}0\ \text{m}\,\text{s}^{-1} \cdot 6{,}06\ \text{s} = \underline{\underline{485\ \text{m}}}$$

Anderer Lösungsweg:

$$x_w = v_0 \sqrt{\dfrac{2h}{g}} = 80{,}0\ \text{m}\,\text{s}^{-1} \sqrt{\dfrac{2 \cdot 180\ \text{m}}{9{,}81\ \text{m}\,\text{s}^{-2}}} = \underline{\underline{485\ \text{m}}}$$

$$t = \dfrac{x_w}{v_0} = \dfrac{485\ \text{m}}{80{,}0\ \text{m}\,\text{s}^{-1}} = \underline{\underline{6{,}06\ \text{s}}}$$

Das Geschoß kommt nach 6,06 s in der waagrecht gerechneten Entfernung 485 m am Boden an.

b) $v = \sqrt{v_0^2 + g^2 t^2} = \sqrt{(80{,}0\ \text{m}\,\text{s}^{-1})^2 + (9{,}81\ \text{m}\,\text{s}^{-2})^2 \cdot (6{,}06\ \text{s})^2}$
$v = \underline{\underline{99{,}7\ \text{m}\,\text{s}^{-1}}}$

Das Geschoß hat dabei die Geschwindigkeit $99{,}7\ \text{m}\,\text{s}^{-1}$.

$$\dfrac{v_y}{v_x} = \dfrac{-gt}{v_0} = \dfrac{-9{,}81\ \text{m}\,\text{s}^{-2} \cdot 6{,}06\ \text{s}}{80{,}0\ \text{m}\,\text{s}^{-1}} = -0{,}7431$$

$\tan \alpha = -0{,}7431$ liefert: $\alpha = -36{,}6°$

Das Geschoß hat im Augenblick des Aufschlags die Richtung $\underline{\underline{36{,}6°}}$ gegenüber der Waagrechten.

❸ a) Aus $x_w = v_0 \sqrt{\dfrac{2h}{g}}$ ergibt sich:

$$v_0 = x_w \sqrt{\dfrac{g}{2h}} = 60{,}0 \text{ m} \sqrt{\dfrac{9{,}81 \text{ m s}^{-2}}{2 \cdot (45{,}0 \text{ m})}} = \underline{\underline{19{,}8 \text{ m s}^{-1}}}$$

b) Für den Betrag der Geschwindigkeit $v = \sqrt{v_x^2 + v_y^2} = \sqrt{v_0^2 - g^2 t^2}$ ergibt sich mit $t = \dfrac{x_w}{v_0}$:

$$v = \sqrt{v_0^2 + g^2 \dfrac{x_w}{v_0^2}} = \sqrt{(19{,}8 \text{ m s}^{-1})^2 + (9{,}81 \text{ m s}^{-2})^2 \cdot \dfrac{(60{,}0 \text{ m})^2}{(19{,}8 \text{ m s}^{-1})^2}}$$

$$v = \underline{\underline{35{,}7 \text{ m s}^{-1}}}$$

$$\dfrac{v_y}{v_x} = \dfrac{-gt}{v_0} = -\dfrac{gx_w}{v_0^2} = -\dfrac{9{,}81 \text{ m s}^{-2} \cdot 60{,}0 \text{ m}}{(19{,}8 \text{ m s}^{-1})^2} = -1{,}5014$$

$\tan \alpha = -1{,}5014$ liefert: $\alpha = -56{,}33° = -56°20'$

Der Stein trifft im Winkel $\underline{\underline{56°20'}}$ gegenüber der Waagrechten auf den Erdboden.

c) *Berechnung von Punkten der Wurfbahn*

Aus den Zeit-Ort-Funktionen

$x(t) = v_0 t$
$y(t) = -\tfrac{1}{2} g t^2$

ergibt sich z. B. für $t_1 = 1{,}0$ s und für $t_2 = 2{,}0$ s:

$x(1{,}0 \text{ s}) = 19{,}8 \text{ m s}^{-1} \cdot 1{,}0 \text{ s} = 19{,}8 \text{ m}$
$y(1{,}0 \text{ s}) = -\tfrac{1}{2} \cdot 9{,}81 \text{ m s}^{-2} \cdot (1{,}0 \text{ s})^2 = -4{,}91 \text{ m}$
$x(2{,}0 \text{ s}) = 19{,}8 \text{ m s}^{-1} \cdot 2{,}0 \text{ s} = 39{,}6 \text{ m}$
$y(2{,}0 \text{ s}) = -\tfrac{1}{2} \cdot 9{,}81 \text{ m s}^{-2} \cdot (2{,}0 \text{ s})^2 = -16{,}6 \text{ m}$

Anderer Lösungsweg:

Aus der Gleichung der Bahnkurve $y = -\dfrac{g}{2v_0^2} \cdot x^2$ ergibt sich zum Beispiel:

$$y(20{,}0) = -\dfrac{9{,}81 \text{ m s}^{-2}}{2 \cdot (19{,}8 \text{ m s}^{-1})^2} \cdot (20{,}0 \text{ m})^2 = -5{,}00 \text{ m}$$

$$y(40{,}0) = -\dfrac{9{,}81 \text{ m s}^{-2}}{2 \cdot (19{,}8 \text{ m s}^{-1})^2} \cdot (40{,}0 \text{ m})^2 = -20{,}0 \text{ m}$$

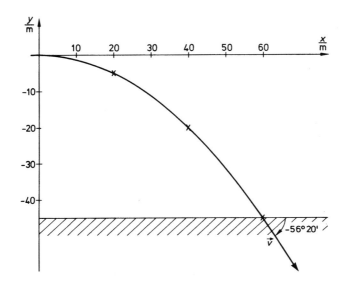

❹ a) Aus $t_{ges} = t_{Steig} + 2{,}0\,\text{s} + t_{Fall}$ folgt wegen $t_{Steig} = t_{Fall}$:

$$t_{Fall} = \frac{t_{ges} - 2{,}0\,\text{s}}{2} = \frac{15\,\text{s} - 2{,}0\,\text{s}}{2} = 6{,}5\,\text{s}$$

Aus $h = \tfrac{1}{2}gt^2$ erhält man:

$h = \tfrac{1}{2} \cdot 9{,}81\,\text{m s}^{-2} \cdot (6{,}5\,\text{s})^2 = 0{,}207\,\text{km} = \underline{\underline{0{,}21\,\text{km}}}$

Der Lebensmittelsack hat 0,21 km durchfallen; also befand sich das Flugzeug in 0,21 km Höhe.

b) Da das Flugzeug und damit der Lebensmittelsack in 8,5 s die horizontale Strecke 280 m zurückgelegt hat, gilt für die Geschwindigkeit des Flugzeugs:

$$v = \frac{280\,\text{m}}{8{,}5\,\text{s}} = 33\,\text{m s}^{-1} = \underline{\underline{1{,}2 \cdot 10^2\,\text{km h}^{-1}}}$$

❺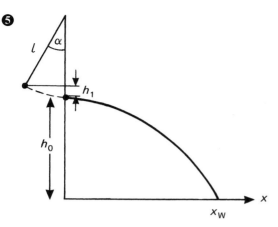

Aus dem Energieerhaltungssatz ergibt sich die Anfangsgeschwindigkeit v_0 für den horizontalen Wurf:

$mgh_1 = \frac{1}{2}mv_0^2$
$v_0 = \sqrt{2gh_1}$

Für h_1 folgt aus $\cos\alpha = \dfrac{l-h_1}{l}$:

$h_1 = l - l\cos\alpha = l(1-\cos\alpha)$

Also ergibt sich für die Wurfweite:

$x_w = v_0\sqrt{\dfrac{2h_0}{g}} = \sqrt{2gh_1 \cdot \dfrac{2h_0}{g}} = \sqrt{4l(1-\cos\alpha)\cdot h_0} = \underline{\underline{2\sqrt{h_0 l(1-\cos\alpha)}}}$

❻ a) Sonderfälle in (I):

$\alpha = 0°$ Horizontaler Wurf

$x(t) = v_0 t$
$y(t) = -\frac{1}{2}gt^2$

$\alpha = 90°$ Senkrechter Wurf nach oben

$y(t) = v_0 t - \frac{1}{2}gt^2$

b) 1. Aus $y(t) = 0$ folgt:

$(v_0 \sin\alpha)t - \frac{1}{2}gt^2 = 0$
$t(v_0 \sin\alpha - \frac{1}{2}gt) = 0$
$t = 0$ oder $v_0 \sin\alpha - \frac{1}{2}gt = 0$

$$t_1 = 0 \qquad t_2 = \frac{2v_0 \sin\alpha}{g}$$

Mit $x = (v_0 \cos\alpha)t$ folgt:

$$x_1 = 0 \qquad x_2 = v_0 \cos\alpha \, \frac{2v_0 \sin\alpha}{g}$$

$$x_2 = \frac{v_0^2 \sin 2\alpha}{g} \qquad \text{das ist (II)}$$

2. Wegen $t_s = \frac{1}{2}t_2$ ist:

$$t_s = \frac{v_0 \sin\alpha}{g}$$

Damit ergibt sich y_s aus $y(t) = (v_0 \sin\alpha)t - \frac{1}{2}gt^2$:

$$y_s = y(t_s) = (v_0 \sin\alpha)\frac{v_0 \sin\alpha}{g} - \frac{1}{2}g\left(\frac{v_0 \sin\alpha}{g}\right)^2$$

$$y_s = \frac{v_0^2 \sin^2\alpha}{g} - \frac{1}{2}\frac{v_0^2 \sin^2\alpha}{g} = \frac{1}{2}\frac{v_0^2}{g}\sin^2\alpha \qquad \text{das ist (III)}$$

c) Die Wurfweite $x_2 = \frac{v_0^2}{g}\sin 2\alpha$ \qquad (II)

ist bei konstanter Geschwindigkeit v_0 maximal, wenn $\sin 2\alpha = 1$ ist, d.h. $\underline{\underline{\alpha^* = 45°}}$.

d) 1. $x_s^* = \frac{1}{2}x_2^* = \frac{1}{2}\frac{v_0^2}{g}\sin 2\alpha^*$

$$x_s^* = \frac{1}{2}\frac{(6{,}0\,\text{m s}^{-1})^2}{10\,\text{m s}^{-2}} \cdot 1 = \frac{1}{2} \cdot \frac{36}{10}\,\text{m} = \underline{\underline{1{,}8\,\text{m}}}$$

$$y_s^* = \frac{1}{2}\frac{v_0^2}{g}\sin^2\alpha^* = \frac{1}{2} \cdot \frac{36}{10}\,\text{m} \cdot (\tfrac{1}{2}\sqrt{2})^2 = \underline{\underline{0{,}90\,\text{m}}}$$

2. Berechnung weiterer Kurvenpunkte, z. B. für $t = 0{,}2$:

$x_3 = 6{,}0\,\text{m s}^{-1} \cdot \cos 45° \cdot 0{,}2\,\text{s} = 1{,}2 \cdot \tfrac{1}{2}\sqrt{2}\,\text{m} = 0{,}85\,\text{m}$

$y_3 = 6{,}0\,\text{m s}^{-1} \cdot \sin 45° \cdot 0{,}2\,\text{s} - \tfrac{1}{2} \cdot 10\,\text{m s}^{-2} \cdot (0{,}2\,\text{s})^2$

$y_3 = 0{,}85\,\text{m} - 0{,}20\,\text{m} = 0{,}65\,\text{m}$

Aus Symmetriegründen ergibt sich ein weiterer Kurvenpunkt:

$x_4 = 2 \cdot x_s - x_3 = 3{,}60\,\text{m} - 0{,}85\,\text{m} = 2{,}75\,\text{m}$

$y_4 = y_3 = 0{,}65\,\text{m}$

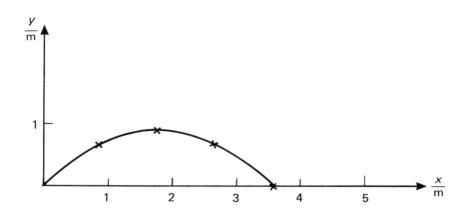

7 a) Aus $x_W = x_2 = \dfrac{v_0^2 \sin 2\alpha}{g}$ [das ist (II) aus Aufgabe **6**] ergibt sich:

$v_0^2 = \dfrac{x_W \cdot g}{\sin 2\alpha}$

$v_0 = \sqrt{\dfrac{23{,}12 \text{ m} \cdot 9{,}81 \text{ m s}^{-2}}{1}} = \underline{\underline{15 \text{ m s}^{-1}}}$

b)

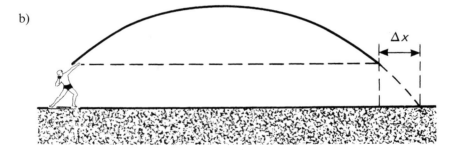

Die Körpergröße vergrößert die tatsächliche Wurfweite um Δx.

c) Mit $v^2 = 2ax$ ergibt sich aus $F = ma$:

$\bar{F} = m\bar{a} = m\dfrac{v^2}{2x}$

$\bar{F} = 7{,}257 \text{ kg} \cdot \dfrac{(15 \text{ m s}^{-1})^2}{2 \cdot 3 \text{ m}} = 272 \text{ N} = \underline{\underline{0{,}3 \text{ kN}}}$

$\bar{p} = \bar{F}\bar{v}$

$\bar{p} = 272 \text{ N} \cdot \tfrac{15}{2} \text{ m s}^{-1} = \underline{\underline{2 \text{ kW}}}$

❽ Lösung siehe Anhang

Zur Experimentierecke

a) Für den Ausfluß in der Höhe h gilt nach dem Energieerhaltungssatz:

$$\frac{m}{2}[v(h)]^2 = mg(H-h)$$

Daraus folgt für die Ausflußgeschwindigkeit in der Höhe h:

$$\underline{\underline{v(h) = \sqrt{2g(H-h)}}}$$

b) Für die Zeit-Ort-Funktionen im x-y-Koordinatensystem gilt:

$x = v(h) \cdot t$
$y = h - \frac{1}{2}gt^2$

Daraus ergibt sich durch Elimination von t:

$$y = h - \frac{1}{2}g\left[\frac{x}{v(h)}\right]^2 = h - \frac{1}{2}g\frac{x^2}{2g(H-g)}$$

$$\underline{\underline{y = -\frac{1}{4(H-h)}x^2 + h}}$$

c) Mit $x_W = v_0\sqrt{\dfrac{2h}{g}}$ ergibt sich:

$$x_W(h) = v(h)\sqrt{\frac{2h}{g}} = \sqrt{2g(H-h)} \cdot \sqrt{\frac{2h}{g}} = 2\sqrt{(H-h)h}$$

$x_W(h)$ ist maximal, wenn $(H-h)h$ maximal ist, also für

$$\frac{d}{dh}(Hh - h^2) = H - 2h = 0, \quad \text{d.h.} \quad \underline{\underline{h = \frac{H}{2}}}$$

$$\left[\frac{d^2}{dh^2}(H-2h) = -2 < 0; \text{ also hinreichend für Maximum}\right]$$

$$x_W\left(\frac{H}{2}\right) = 2\sqrt{\left(H-\frac{H}{2}\right)\frac{H}{2}} = 2 \cdot \frac{H}{2} = \underline{\underline{H}}$$

d) Die Ausflußöffnungen in der Höhe h und in der Höhe $H-h$ liegen symmetrisch zur Dosenmitte:

$$\underline{\underline{x_W(H-h)} = 2\sqrt{[H-(H-h)] \cdot (H-h)} = 2\sqrt{h(H-h)} = \underline{\underline{x_W(h)}}}$$

4.2 Kreisbewegung mit konstanter Winkelgeschwindigkeit

Aufgaben in 4.2.2 Lehrbuch S. 85

❶ a) $f = \dfrac{k}{t} = \dfrac{53}{10\,\text{s}} = \underline{\underline{5{,}3\,\text{s}^{-1}}}$

$T = \dfrac{1}{f} = \dfrac{10\,\text{s}}{53} = \underline{\underline{0{,}19\,\text{s}}}$

$\omega = 2\pi f = 2\pi \cdot 5{,}3\,\text{s}^{-1} = 33{,}3\,\text{s}^{-1} = 33{,}3\,\text{rad s}^{-1} = \underline{\underline{33\,\text{rad s}^{-1}}}$

b) $\varphi = \omega t = 2\pi \cdot 5{,}3\,\text{s}^{-1} \cdot 2{,}6\,\text{s} = 87 = \underline{\underline{87\,\text{rad}}}$

❷ a) $f = \dfrac{1}{T} = \dfrac{1}{0{,}50\,\text{s}} = \underline{\underline{2{,}0\,\text{s}^{-1}}}$

$\omega = 2\pi f = 2\pi \cdot 2{,}0\,\text{s}^{-1} = 12{,}566\,\text{s}^{-1}$

$\omega = 13\,\text{s}^{-1} = \underline{\underline{13\,\text{rad s}^{-1}}}$

b) $\varphi = \omega t = 12{,}566\,\text{s}^{-1} \cdot 10\,\text{s} = 125{,}66$

$\varphi = \underline{\underline{1{,}3 \cdot 10^2\,\text{rad}}}$

$s = r\varphi = 3{,}0\,\text{m} \cdot 125{,}66 = 377\,\text{m}$

$s = \underline{\underline{3{,}8 \cdot 10^2\,\text{m}}}$

Aufgaben in 4.2.3 Lehrbuch S. 86

❶ a) $\omega_1 = \dfrac{2\pi}{T_1} = \dfrac{2\pi}{365 \cdot 24 \cdot 3600\,\text{s}} = 2{,}0 \cdot 10^{-7}\,\text{s}^{-1} = \underline{\underline{2{,}0 \cdot 10^{-7}\,\text{rad s}^{-1}}}$

$\omega_2 = \dfrac{2\pi}{T_2} = \dfrac{2\pi}{24 \cdot 3600\,\text{s}} = 7{,}3 \cdot 10^{-5}\,\text{s}^{-1} = \underline{\underline{7{,}3 \cdot 10^{-5}\,\text{rad s}^{-1}}}$

b) $v = r\omega_1 = 1{,}5 \cdot 10^{11}\,\text{m} \cdot 2{,}0 \cdot 10^{-7}\,\text{s}^{-1} = 3{,}0 \cdot 10^4\,\text{m s}^{-1} = \underline{\underline{30\,\text{km s}^{-1}}}$

c) Die Entfernung Münchens von der Drehachse der Erde ist:

$r_M = r \cos\varphi = 6{,}4 \cdot 10^6\,\text{m} \cdot \cos 48°$

Damit ergibt sich:

$v_M = r_M \omega_2 = 6{,}4 \cdot 10^6\,\text{m} \cdot \cos 48° \cdot 7{,}3 \cdot 10^{-5}\,\text{s}^{-1} = \underline{\underline{0{,}31\,\text{km s}^{-1}}}$

❷ a) $\omega_1 : \omega_2 = \dfrac{2\pi}{T_1} : \dfrac{2\pi}{T_2} = T_2 : T_1 = 1{,}0\,\text{s} : 100\,\text{s} = \underline{\underline{1:100}}$

b) $\dfrac{v_1}{v_2} = \dfrac{r_1\omega_1}{r_2\omega_2} = \dfrac{12 \cdot 10^{-2}\,\text{m}}{8{,}0 \cdot 10^{-2}\,\text{m}} \cdot \dfrac{1}{100} = \dfrac{12}{800} = \dfrac{3}{200} = \underline{\underline{3:200}}$

4.3 Zentripetalkraft

Aufgaben in 4.3.3 Lehrbuch S. 91

❶ Aus $a_r = r\omega^2$ und $\omega = 2\pi f = 2\pi \dfrac{k}{t}$ ergibt sich:

$a_r = r\left(2\pi \dfrac{k}{t}\right)^2 = 2{,}0 \cdot 10^{-2}\,\text{m} \cdot \left(2\pi \dfrac{3000}{60\,\text{s}}\right)^2 = 1974\,\text{m}\,\text{s}^{-2}$

$a_r = \underline{\underline{2{,}0\,\text{km}\,\text{s}^{-2}}}$

$\dfrac{a_r}{g} = \dfrac{1974\,\text{m}\,\text{s}^{-2}}{9{,}81\,\text{m}\,\text{s}^{-2}} = 2{,}0 \cdot 10^2$

$a_2 = \underline{\underline{2{,}0 \cdot 10^2\,g}}$

Die Zentripetalbeschleunigung am Rand des Rades beträgt etwa das 200 fache der Fallbeschleunigung.

❷ Aus $a_r = \dfrac{v^2}{r}$ ergibt sich:

$r = \dfrac{v^2}{a_r} = \dfrac{v^2}{9 \cdot g} = \dfrac{\left(\dfrac{1{,}5 \cdot 10^3}{3{,}6}\,\text{m}\,\text{s}^{-1}\right)^2}{9 \cdot 9{,}81\,\text{m}\,\text{s}^{-2}} = \underline{\underline{2{,}0\,\text{km}}}$

❸ Für die Zentripetalkraft $\vec{F}_r$ muß bei der Geschwindigkeit $2{,}0\,\text{m}\,\text{s}^{-1}$ gelten:

$F_r = m\dfrac{v^2}{r} = 1{,}0\,\text{kg}\,\dfrac{(2{,}0\,\text{m}\,\text{s}^{-1})^2}{0{,}40\,\text{m}} = 10\,\text{N}$

$\vec{F}_r$ ist jeweils zum Mittelpunkt des Kreises hin gerichtet.

Der Körper hat die Gewichtskraft:

$F_G = mg = 1{,}0\,\text{kg} \cdot 9{,}81\,\text{m}\,\text{s}^{-2} = 9{,}81\,\text{N}$

a) Im höchsten Punkt des Kreises wird die Zentripetalkraft ($F_r = 10\,\text{N}$) fast vollständig durch die Gewichtskraft ($F_G = 9{,}8\,\text{N}$) des Körpers geliefert.

Die Schnur muß nur noch die Kraft $F_a = 10\,\text{N} - 9,8\,\text{N} = \underline{\underline{0,2\,\text{N}}}$ aufbringen.

b) Im tiefsten Punkt des Kreises muß die Schnur zusätzlich zur Zentripetalkraft ($F_r = 10\,\text{N}$) noch die Gegenkraft zur Gewichtskraft ($F_G = 9,8\,\text{N}$) aufbringen, also:

$F_b = 10\,\text{N} + 9,8\,\text{N} = \underline{\underline{19,8\,\text{N}}}$

❹ a) Aus $F_r = m\omega^2 r$ ergibt sich mit $\omega = 2\pi f$:

$$f = \frac{\omega}{2\pi} = \frac{1}{2\pi}\sqrt{\frac{F_r}{mr}} = \frac{1}{2\pi}\sqrt{\frac{100\,\text{N}}{0{,}47\,\text{kg} \cdot 1{,}5\,\text{m}}} = \underline{\underline{1{,}9\,\text{s}^{-1}}}$$

b) $v = r\omega = r \cdot 2\pi f = r\sqrt{\dfrac{F_r}{mr}} = \sqrt{\dfrac{F_r \cdot r}{m}} = \sqrt{\dfrac{100\,\text{N} \cdot 1{,}5\,\text{m}}{0{,}47\,\text{kg}}} = \underline{\underline{18\,\text{m}\,\text{s}^{-1}}}$

❺ a) Es muß mindestens gelten: $F_r = F_G$

$m\dfrac{v^2}{r} = mg$

$v = \sqrt{rg}$

b) Nach dem Energieerhaltungssatz gilt:
Die Energie im höchsten Punkt des Kreises (oben) ist gleich der Energie im tiefsten Punkt des Kreises (unten).

$E_{k,o} + E_{p,o} = E_{k,u} + 0$

$\tfrac{1}{2}mv_o^2 + mgh = \tfrac{1}{2}mv_u^2 \qquad |:\tfrac{1}{2}m$

$v_o^2 + 2gh = v_u^2$

Mit $v_o = \sqrt{rg}$ und $h = 2r$ folgt daraus:

$v_u^2 = rg + 2g \cdot 2r = 5gr$

$v_u = \sqrt{5rg}$

$F_r = m\dfrac{v^2}{r} = m\dfrac{5gr}{r} = 5mg = 5 \cdot F_G$

Für die Fadenspannung F folgt daraus:

$F = F_r + F_G = 5F_G + F_G = \underline{\underline{6F_G}}$

❻ siehe Anhang

❼ Nach dem Energieerhaltungssatz gilt:
Energie am Startpunkt = Energie am höchsten Punkt der Schleife
$$mgh = mg \cdot 2r + \tfrac{1}{2}mv^2$$
Dabei muß im höchsten Punkt der Schleife mindestens gelten:
$$F_r = F_G$$
$$m\frac{v^2}{r} = mg$$
$$v^2 = rg$$
Damit ergibt sich:
$$mgh = mg \cdot 2r + \tfrac{1}{2}mrg \quad |:mg$$
$$h = 2r + \tfrac{1}{2}r = \underline{\underline{\tfrac{5}{2}r}}$$

❽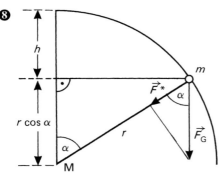

Da die Rotationsenergie der kleinen Kugel vernachlässigt werden kann, ergibt sich die Geschwindigkeit v der Kugel aus dem Energieerhaltungssatz:
$$\frac{m}{2}v^2 = mgh$$
$$v^2 = 2gh$$

Im Abhebepunkt ist die „Andruckskraft" $\vec{F}^*$ (Komponente der Gewichtskraft $\vec{F}_G$ in Richtung M) gerade noch die notwendige Zentripetalkraft $\vec{F}_r$. Also gilt:
$$F^* = F_r$$
$$F_G \cos \alpha = m\frac{v^2}{r} \quad \text{und mit } v^2 = 2gh:$$
$$mg \cos \alpha = m\frac{2gh}{r}$$
$$r \cos \alpha = 2h$$

Mit $h = r - r\cos\alpha$ folgt:
$$r\cos\alpha = 2r - 2r\cos\alpha$$
$$3r\cos\alpha = 2r$$
$$\cos\alpha = \tfrac{2}{3}$$

Also $\alpha = \underline{\underline{48{,}2°}}$

Das Ergebnis ist unabhängig vom Kugelradius r!

4.4 Kurvenfahrt

Aufgaben in 4.4.2 Lehrbuch S. 95

❶ Die Eiskunstläuferin muß sich in der Kurve so weit nach innen neigen, daß ihre Gewichtskraft $\vec{F}_G$ die horizontal gerichtete Zentripetalkraft $\vec{F}_r$ liefert. Es muß gelten:

$$\tan\alpha = \frac{F_r}{F_G} = \frac{m\dfrac{v^2}{r}}{mg} = \frac{v^2}{gr} = \frac{(6{,}0\,\mathrm{m\,s^{-1}})^2}{9{,}81\,\mathrm{m\,s^{-2}}\cdot 10\,\mathrm{m}} = 0{,}367$$

Daraus folgt: $\alpha = \underline{\underline{20°}}$

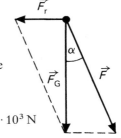

Die Eiskunstläuferin muß sich um 20° nach innen neigen.

❷ a) Die seitliche Haltekraft F_s muß so groß sein wie die Zentripetalkraft F_r.

$$F_s = F_r = m\frac{v^2}{r} = 1{,}2\cdot 10^3\,\mathrm{kg}\,\frac{\left(\dfrac{40}{3{,}6}\,\mathrm{m\,s^{-1}}\right)^2}{30\,\mathrm{m}} = 4{,}938\cdot 10^3\,\mathrm{N}$$

$F_s = \underline{\underline{4{,}9\,\mathrm{kN}}}$

b) Aus $F_s = F_r = m\dfrac{v^2}{r}$ ergibt sich für die Höchstgeschwindigkeit:

$$v = \sqrt{\frac{F_s r}{m}} = \sqrt{\frac{4{,}938\cdot 10^3\,\mathrm{N}\cdot 30\,\mathrm{m}}{2\cdot 1{,}2\cdot 10^3\,\mathrm{kg}}} = 7{,}86\,\mathrm{m\,s^{-1}} = \underline{\underline{28\,\mathrm{km\,h^{-1}}}}$$

❸ a) $F_r = m\dfrac{v^2}{r} = 100\cdot 10^3\,\mathrm{kg}\cdot\dfrac{\left(\dfrac{80}{3{,}6}\,\mathrm{m\,s^{-1}}\right)^2}{500\,\mathrm{m}} = 98{,}77\cdot 10^3\,\mathrm{N}$

$F_r = \underline{\underline{99\,\mathrm{kN}}}$

b) Aus $\tan\alpha = \dfrac{F_r}{F_G} = \dfrac{v^2}{gr} = \dfrac{\left(\dfrac{80}{3{,}6}\,\mathrm{m\,s^{-1}}\right)^2}{9{,}81\,\mathrm{m\,s^{-2}}\cdot 500\,\mathrm{m}} = 0{,}10068$ folgt:

$\alpha = \underline{\underline{5{,}7°}}$

❹ a) $F_s^* = 0{,}30 \cdot F_s$

Aus $F_s = F_r = m \dfrac{v^2}{r}$ ergibt sich:

$$v = \sqrt{\dfrac{F_s r}{m}} \quad \text{bzw.} \quad v^* = \sqrt{\dfrac{F_s^* r}{m}} = \sqrt{\dfrac{0{,}30\, F_s r}{m}}$$

Daraus folgt:

$v^* = \sqrt{0{,}30} \cdot v = \sqrt{0{,}30} \cdot 40 \text{ km h}^{-1} = 21{,}9 \text{ km h}^{-1}$

$\underline{\underline{v^* = 22 \text{ km h}^{-1}}}$

b) Aus $\tan \alpha = \dfrac{v^2}{gr} = \dfrac{\left(\dfrac{21{,}9}{3{,}6} \text{ m s}^{-1}\right)^2}{9{,}81 \text{ m s}^{-2} \cdot 25 \text{ m}} = 0{,}151$ folgt:

$\underline{\underline{\alpha = 8{,}6°}}$

Offene Aufgabenstellung

Wir betrachten das Problem im rotierenden Bezugssystem:
Auf eine Person im Sessel wirken die Gewichtskraft $\vec{F}_G$ und die Zentrifugalkraft $\vec{F}_r'$. Die Kette stellt sich so ein, daß sie die Richtung der Resultierenden dieser Kräfte hat.

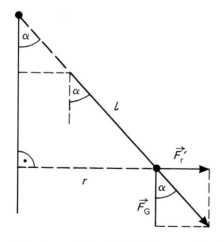

Es gilt:

$\tan \alpha = \dfrac{F_r'}{F_G} = \dfrac{mr\omega^2}{mg}$

$g \tan \alpha = r \omega^2$

$g \tan \alpha = r \dfrac{4\pi^2}{T^2}$

$T^2 = 4\pi^2 \dfrac{r}{g \tan \alpha}$

$T = 2\pi \sqrt{\dfrac{r}{g \tan \alpha}}$

Für den auf dem Bild äußersten Sessel mißt man etwa: $\alpha = 54°$
Aus der Größe der Person im Bild kann man schätzen, daß 1 cm im Bild in der Natur etwa 1,8 m sind. Damit ergibt sich ein Radius von etwa 11 m.

Also gilt:
$$T = 2\pi \sqrt{\frac{11\,\text{m}}{9{,}81\,\text{m}\,\text{s}^{-2} \cdot \tan 54°}} = 5{,}7\,\text{s}$$
Die Umlaufdauer des Kettenkarusells ist also ca. 5,7 s.
Leere und mit Personen besetzte Sessel haben gleiche Ausstellwinkel α, weil die Masse in der Gleichung für tan α wegfällt.

5 Gravitation

5.1 Gesetze von Kepler

Aufgaben in 5.1.4 Lehrbuch S. 103

❶ a) Aus $\dfrac{T_1^2}{T_2^2} = \dfrac{a_1^3}{a_2^3}$ ergibt sich mit $a_1 = r_1$ und $a_2 = r_2$:

$$T_1 = T_2 \cdot \left(\dfrac{r_1}{r_2}\right)^{\frac{3}{2}}$$

Wir vergleichen mit der Erde ($r_2 = 1{,}0$ AE; $T_2 = 1{,}0$ a):

$$T_1 = 1{,}0 \text{ a} \cdot \left(\dfrac{2{,}0 \text{ AE}}{1{,}0 \text{ AE}}\right)^{\frac{3}{2}} = \underline{\underline{2{,}8 \text{ a}}}$$

b) Aus $\dfrac{T_1^2}{T_2^2} = \dfrac{r_1^3}{r_2^3}$ folgt:

$$r_1 = r_2 \cdot \left(\dfrac{T_1}{T_2}\right)^{\frac{2}{3}}$$

Beim Vergleich mit der Erde ergibt sich:

$$r_1 = 1{,}0 \text{ AE} \left(\dfrac{5{,}2 \text{ a}}{1{,}0 \text{ a}}\right)^{\frac{2}{3}} = \underline{\underline{3{,}0 \text{ AE}}}$$

❷ a) Der Satellit Meteosat „steht" scheinbar stets über demselben Gebiet der Erde, da er auf seiner Bahn die gleiche Umlaufzeit (und damit die gleiche Winkelgeschwindigkeit) wie die Erde bei ihrer Rotation um ihre Achse hat und da gilt: Die Durchlaufrichtung der Meteosatbahn stimmt mit der Drehrichtung der Erde überein, und die Bahnebene des Satelliten liegt in der Äquatorebene der Erde; so ist der Erdmittelpunkt Zentrum der Kreisbahn.

b) Aus $\dfrac{T_1^2}{T_2^2} = \dfrac{a_1^3}{a_2^3}$ ergibt sich mit $a_1 = r_1$ und $a_2 = r_2$:

$$r_1^3 = r_2^3 \dfrac{T_1^2}{T_2^2}$$

$$r_1 = r_2 \left(\dfrac{T_1}{T_2}\right)^{\frac{2}{3}}$$

Wir vergleichen mit dem Satelliten Meteosat (könnten aber auch mit dem Erdmond vergleichen):

($r_2 = 4{,}22 \cdot 10^4$ km; $T_2 = 24{,}0$ h)

$$r_1 = 4{,}22 \cdot 10^4 \text{ km} \cdot \left(\frac{102 \text{ min}}{24{,}0 \cdot 60 \text{ min}}\right)^{\frac{2}{3}} = 7224 \text{ km}$$

$h = r_2 - r_E = 7224$ km $- 6368$ km $= 856$ km $= \underline{\underline{8{,}6 \cdot 10^2 \text{ km}}}$

Der Satellit zieht in der mittleren Höhe von $8{,}6 \cdot 10^2$ km über der Erdoberfläche seine Bahn.

❸ a) Aus $\dfrac{T_1^2}{T_2^2} = \dfrac{r_1^3}{r_2^3}$ ergibt sich:

$$T_{\text{Mars}} = T_{\text{Erde}} \left(\frac{r_{\text{Mars}}}{r_{\text{Erde}}}\right)^{\frac{3}{2}}$$

$$T_{\text{Mars}} = 1{,}00 \text{ a} \left(\frac{1{,}52 \cdot r_E}{r_E}\right)^{\frac{3}{2}} = \underline{\underline{1{,}87 \text{ a}}}$$

b) Mit $v = r\omega = r\dfrac{2\pi}{T}$ gilt:

$$\frac{v_E}{v_M} = \frac{r_E \cdot 2\pi \cdot T_M}{T_E \cdot r_M \cdot 2\pi} = \frac{r_E \, T_M}{r_M \, T_E} = \frac{r_E \cdot 1{,}87 \text{ a}}{1{,}52 \, r_E \cdot 1{,}00 \text{ a}} = 1{,}23 = \underline{\underline{1{,}23 : 1}}$$

❹ a) Da bei gleichem Zentralgestirn die Quadrate der Umlaufzeiten T von Umlaufkörpern direkt proportional zu den dritten Potenzen ihrer Bahnradien sind, gilt:

$$T \sim r^{\frac{3}{2}} = r\sqrt{r}$$

Nachdem die Bahnradien r_{Ast} der Asteroiden zwischen r_{Mars} und r_{Jupiter} liegen, also $r_{\text{Mars}} < r_{\text{Ast}} < r_{\text{Jup}}$ ist, gilt auch:

$$T_{\text{Mars}} < T_{\text{Ast}} < T_{\text{Jup}}$$

Da der Jupiter der massenreichste Planet in unserem Sonnensystem ist, und die Asteroiden dem Jupiter relativ nahe kommen können, wird die Kepler-Bewegung der Asteroiden um die Sonne vor allem durch den Jupiter etwas gestört.

b) Aus $\dfrac{T_1^2}{T_2^2} = \dfrac{a_1^3}{a_2^3}$ folgt für $a_1 = \bar r_1$ und $a_2 = \bar r_2$:

$$\bar r_1 = \bar r_2 \cdot \left(\dfrac{T_1}{T_2}\right)^{\frac{2}{3}}$$

$$\bar r_{\text{Ceres}} = \bar r_{\text{E}} \cdot \left(\dfrac{T_{\text{Ceres}}}{T_{\text{E}}}\right)^{\frac{2}{3}}$$

$$\bar r_{\text{Ceres}} = 1{,}00\,\text{AE} \cdot \left(\dfrac{4{,}6\,\text{a}}{1{,}0\,\text{a}}\right)^{\frac{2}{3}} = \underline{\underline{2{,}8\,\text{AE}}}$$

5 a) Bei jedem nahen Sonnenvorübergang im Perihel der Bahn wird Materie abgegeben; Kometen „verbrauchen" sich also. Außerdem gibt es aufgrund der stark verschiedenen Sonnenabstände während des Umlaufs extreme Temperaturunterschiede, die den festen Zusammenhalt der Oberfläche allmählich zerstören. Der Komet bricht dann irgendwann auseinander.

b) Aus dem 3. Kepler-Gesetz folgt:

$$\dfrac{T_{\text{H}}^2}{T_{\text{E}}^2} = \dfrac{a_{\text{H}}^3}{a_{\text{E}}^3}$$

$$T_{\text{H}}^2 = T_{\text{E}}^2 \dfrac{a_{\text{H}}^3}{a_{\text{E}}^3}$$

$$T_{\text{H}} = T_{\text{E}} \left(\dfrac{a_{\text{H}}}{a_{\text{E}}}\right)^{\frac{3}{2}}$$

$$T_{\text{H}} = 1{,}0\,\text{a} \left(\dfrac{18{,}0\,\text{AE}}{1{,}0\,\text{AE}}\right)^{\frac{3}{2}} = 18^{\frac{3}{2}}\,\text{a} = \underline{\underline{76\,\text{a}}}$$

Der nächste Periheldurchgang wird also im Jahr $\underline{\underline{2062}}$ erwartet.

c) Die spektakuläre Phase der Schweifbildung erfolgt nur in Sonnennähe (etwa < 2 AE); dort ist der Komet nach dem 2. Kepler-Gesetz wesentlich schneller als im sonnenfernen (und damit auch erdfernen) Teil seiner Bahn.
Aus $r_{\text{A}} + r_{\text{P}} = 2a$ folgt:

$$r_{\text{A}} = 2a - r_{\text{P}} = 2 \cdot 18{,}0\,\text{AE} - 0{,}6\,\text{AE} = \underline{\underline{35{,}4\,\text{AE}}}$$

Aus der Tabelle kann man entnehmen, daß sein Aphel zwischen den Planetenbahnen von Neptun und Pluto liegt.

5.2 Gravitationsgesetz von Newton

Aufgaben in 5.2.2   Lehrbuch S. 108

❶ $F = G \dfrac{m_1 m_2}{r^2}$

$F = 6{,}67 \cdot 10^{-11} \, \text{m}^3 \, \text{kg}^{-1} \, \text{s}^{-2} \cdot \dfrac{70 \, \text{kg} \cdot 70 \, \text{kg}}{(0{,}80 \, \text{m})^2} = \underline{\underline{0{,}5 \, \mu\text{N}}}$

❷ Ist m_1 die Masse des Zentralkörpers und m_2 die Masse eines Körpers im Abstand r, dann gilt:

Gravitationskraft = Zentripetalkraft

$G \dfrac{m_1 m_2}{r^2} = m_2 r \omega^2$

Mit $\omega = \dfrac{2\pi}{T}$ folgt:

$\dfrac{G m_1}{r^2} = r \dfrac{4\pi^2}{T^2}$

$\dfrac{T^2}{r^3} = \dfrac{4\pi^2}{G m_1} = \text{konstant}$

$\dfrac{T^2}{r^3} = C$ Das ist das 3. Kepler-Gesetz.

❸ $F = G \dfrac{m_E \cdot m_M}{r^2} = 6{,}67 \cdot 10^{-11} \, \text{m}^3 \, \text{kg}^{-1} \, \text{s}^{-2} \cdot \dfrac{5{,}98 \cdot 10^{24} \, \text{kg} \cdot 7{,}36 \cdot 10^{22} \, \text{kg}}{(60{,}3 \cdot 6{,}37 \cdot 10^6 \, \text{m})^2}$

$F = \underline{\underline{1{,}99 \cdot 10^{20} \, \text{N}}}$

Die Erde zieht den Mond mit der Kraft $\underline{1{,}99 \cdot 10^{20} \, \text{N}}$ an.
Auch der Mond zieht die Erde mit der Kraft $\underline{1{,}99 \cdot 10^{20} \, \text{N}}$ an (Wechselwirkungskräfte).

❹ Aus $g(r) = \dfrac{GM}{r^2}$ folgt für die Gravitationsfeldstärke

a) auf dem Erdmond EM:

$$g_{EM} = \frac{GM_{EM}}{r_{EM}^2}$$

$$g_{EM} = \frac{6{,}67 \cdot 10^{-11}\,\text{m}^3\,\text{kg}^{-1}\,\text{s}^{-2} \cdot 1{,}23 \cdot 10^{-2} \cdot 5{,}977 \cdot 10^{24}\,\text{kg}}{(0{,}273 \cdot 6{,}368 \cdot 10^6\,\text{m})^2}$$

$g_{EM} = 1{,}62\,\text{m}\,\text{s}^{-2}$ Dieser Wert stimmt mit dem Tabellenwert $1{,}63\,\text{m}\,\text{s}^{-2}$ fast genau überein.

$$\frac{g_{EM}}{g} = \frac{1{,}62}{9{,}81} = 0{,}165$$

$g_{EM} \approx \underline{\underline{\tfrac{1}{6}g}}$

b) auf dem Jupiter:

$$g_J = \frac{GM_J}{r_J^2}$$

$$g_J = \frac{6{,}67 \cdot 10^{-11}\,\text{m}^3\,kg^{-1}\,\text{s}^{-2} \cdot 318 \cdot 5{,}977 \cdot 10^{24}\,\text{kg}}{(11{,}2 \cdot 6{,}368 \cdot 10^6\,\text{m})^2}$$

$g_J = 24{,}9\,\text{m}\,\text{s}^{-2}$ Das ist der angegebene Tabellenwert.

$$\frac{g_J}{g} = \frac{24{,}9}{9{,}81} = 2{,}54$$

$g_J = \underline{\underline{2{,}5\,g}}$

❺ Durch die Hubarbeit $W_h = Gmm_E \dfrac{1}{r_E}$ erhält die Rakete der Masse m die kinetische Energie $E_k = \tfrac{1}{2}mv^2$.

Aus $\tfrac{1}{2}mv^2 = Gmm_E \cdot \dfrac{1}{r_E}$ ergibt sich:

$$v^2 = \frac{2Gm_E}{r_E} \qquad v = \sqrt{\frac{2Gm_E}{r_E}}$$

$$v = \sqrt{\frac{2 \cdot 6{,}67 \cdot 10^{-11} \cdot 5{,}977 \cdot 10^{24}}{6{,}368 \cdot 10^6}}\,\text{m}\,\text{s}^{-1} = 11{,}2 \cdot 10^3\,\text{m}\,\text{s}^{-1}$$

$v = \underline{\underline{11{,}2\,\text{km}\,\text{s}^{-1}}}$

Aufgaben in 5.2.3   Lehrbuch S. 110

❶ a) Die Zentripetalkraft des Jupiter auf seinen Mond Jo ist identisch mit der Gravitationskraft zwischen Jupiter und Jo. Also:

$$G \frac{m_{Jo} \cdot m_J}{r^2} = m_{Jo} \cdot r \left(\frac{2\pi}{T}\right)^2$$

Daraus folgt:

$$m_J = r^3 \cdot \frac{4\pi^2}{T^2 \cdot G}$$

$$m_J = \left(\frac{8{,}43}{2} \cdot 10^8\,\text{m}\right)^3 \cdot \frac{4\pi^2}{(42{,}5 \cdot 3600\,\text{s})^2 \cdot 6{,}67 \cdot 10^{-11}\,\text{m}^3\,\text{kg}^{-1}\,\text{s}^{-2}}$$

$$m_J = 1{,}89 \cdot 10^{27}\,\text{kg}$$

b)
$$\varrho_J = \frac{m_J}{V_J} = \frac{m_J \cdot 3}{4 r_J^3 \pi}$$

$$\varrho_J = \frac{1{,}89 \cdot 10^{27}\,\text{kg} \cdot 3}{4 \cdot (11{,}2 \cdot 6{,}368 \cdot 10^6\,\text{m})^3 \pi} = 1{,}24 \cdot 10^3\,\text{kg}\,\text{m}^{-3}$$

$$\underline{\varrho_J = 1{,}24\,\text{g}\,\text{cm}^{-3}}$$

Aus der relativ geringen mittleren Dichte des Jupiters kann man schließen, daß er vorwiegend aus Gasen besteht.

❷ Für die Erde E und ihren Mond Mo gilt:

$$G \frac{m_{Mo} m_E}{r_{EMo}^2} = m_{Mo} r_{EMo} \left(\frac{2\pi}{T_{Mo}}\right)^2$$

Für den Mars M und seinen Mond D gilt entsprechend:

$$G \frac{m_M m_D}{r_{MD}^2} = m_D r_{MD} \left(\frac{2\pi}{T_D}\right)^2$$

Daraus folgt:

$$\frac{m_E}{m_M} = \frac{r_{EMo}^3 \cdot \dfrac{4\pi^2}{T_{Mo}^2 \cdot G}}{r_{MD}^3 \cdot \dfrac{4\pi^2}{T_D^2 \cdot G}} = \frac{r_{EMo}^3 \cdot T_D^2}{r_{MD}^3 \cdot T_{Mo}^2}$$

$$\frac{m_E}{m_M} = \frac{(60{,}3 \cdot 6368\,\text{km})^3 \cdot [(30 \cdot 60 + 18)\,\text{min}]^2}{(0{,}531 \cdot 6368\,\text{km} + 20 \cdot 10^3\,\text{km})^3 \cdot (7{,}48 \cdot 10^{-2} \cdot 365{,}25 \cdot 24 \cdot 60\,\text{min})^2}$$

$$\frac{m_E}{m_M} = 9{,}46 = 9{,}5 = \underline{\underline{9{,}5 : 1}}$$

❸ Aus der Tabelle im LB S. 101 ermittelt man die Summe der Massen aller Planeten:

$m_P = 447 \cdot 5{,}977 \cdot 10^{24}\,\text{kg}$

Die Masse der Sonne ist:

$m_S = 3{,}32 \cdot 10^5 \cdot 5{,}977 \cdot 10^{24}\,\text{kg}$

$\dfrac{m_P}{m_S} = \dfrac{447}{3{,}32 \cdot 10^5} = 1{,}3 \cdot 10^{-3} = \underline{\underline{0{,}13\,\%}}$

Aufgaben in 5.2.4 Lehrbuch S. 113 und 114

❶ a) Für einen Probekörper der Masse m gilt in der Höhe h über dem Erdboden mit $r = h + r_E$:

$mg' = G\,\dfrac{m\,m_E}{r^2}$

$g' = G\,\dfrac{m_E}{r^2}$

1. $h = 0\,\text{km}$:

$g = G\,\dfrac{m_E}{r_E^2}$

$g = 6{,}67 \cdot 10^{-11}\,\text{m}^3\,\text{kg}^{-1}\,\text{s}^{-2} \cdot \dfrac{5{,}977 \cdot 10^{24}\,\text{kg}}{(6{,}368 \cdot 10^6\,\text{m})^2}$

$g = 9{,}83\,\text{m s}^{-2} = \underline{\underline{9{,}8\,\text{m s}^{-2}}}$

2. $h = 3{,}2 \cdot 10^3\,\text{km}$:

$g' = G\,\dfrac{m_E}{r^2}$ mit $r = r_E + 3{,}2 \cdot 10^3\,\text{km}$

$g' = 6{,}67 \cdot 10^{-11}\,\text{m}^3\,\text{kg}^{-1}\,\text{s}^{-2} \cdot \dfrac{5{,}977 \cdot 10^{24}\,\text{kg}}{[(6{,}368 + 3{,}2) \cdot 10^6\,\text{m}]^2}$

$g' = 4{,}355\,\text{m s}^{-2} = \underline{\underline{4{,}4\,\text{m s}^{-2}}}$

3. $h = 6{,}4 \cdot 10^3\,\text{km}$:

$g'' = G\,\dfrac{m_E}{r^2}$ mit $r = r_E + 6{,}4 \cdot 10^3\,\text{km}$

$g'' = 6{,}67 \cdot 10^{-11}\,\text{m}^3\,\text{km}^{-1}\,\text{s}^{-2} \cdot \dfrac{5{,}977 \cdot 10^{24}\,\text{kg}}{[(6{,}368 + 6{,}4) \cdot 10^6\,\text{m}]^2}$

$g'' = 2{,}445 \text{ m s}^{-2} = \underline{\underline{2{,}4 \text{ m s}^{-2}}}$

b) Aus $a_r = \dfrac{v^2}{r}$ folgt:

$v = \sqrt{a_r \cdot r}$

Mit $r = h + r_E$ und a_r gleich g oder g' oder g'' ergibt sich:

1. $h = 0$ km:

$v_0 = \sqrt{g r_E} = \sqrt{9{,}83 \text{ m s}^{-2} \cdot 6{,}368 \cdot 10^6 \text{ m}} = 7{,}91 \text{ km s}^{-1}$

$v_0 = \underline{\underline{7{,}9 \text{ km s}^{-1}}}$

2. $h = 3{,}2 \cdot 10$ km:

$v' = \sqrt{g' r} = \sqrt{4{,}355 \text{ m s}^{-2} \cdot (6{,}368 + 3{,}2) \cdot 10^6 \text{ m}} = 6{,}455 \text{ m s}^{-1}$

$v' = \underline{\underline{6{,}5 \text{ km s}^{-1}}}$

3. $h = 6{,}4 \cdot 10^3$ km

$v'' = \sqrt{g'' r} = \sqrt{2{,}445 \text{ m s}^{-2} \cdot (6{,}368 + 6{,}4) \cdot 10^6 \text{ m}} = 5{,}587 \text{ km s}^{-1}$

$v'' = \underline{\underline{5{,}6 \text{ km s}^{-1}}}$

c) Aus $v = \dfrac{2r\pi}{T}$ folgt:

$T = \dfrac{2r\pi}{v}$

1. $h = 0$ km

$T_0 = \dfrac{2 \cdot 6{,}368 \cdot 10^6 \text{ m} \cdot \pi}{7{,}91 \cdot 10^3 \text{ m s}^{-1}} = 5{,}06 \cdot 10^3 \text{ s} = \underline{\underline{1{,}4 \text{ h}}}$

2. $h = 3{,}2 \cdot 10^3$ km

$T' = \dfrac{2 \cdot (6{,}368 + 3{,}2) \cdot 10^6 \text{ m} \cdot \pi}{6{,}455 \cdot 10^3 \text{ m s}^{-1}} = 9{,}31 \cdot 10^3 \text{ s} = \underline{\underline{2{,}6 \text{ h}}}$

3. $h = 6{,}4 \cdot 10^3$ km

$T'' = \dfrac{2 \cdot (6{,}368 + 6{,}4) \cdot 10^6 \text{ m} \cdot \pi}{5{,}587 \cdot 10^3 \text{ m s}^{-1}} = 14{,}36 \cdot 10^3 \text{ s} = \underline{\underline{4{,}0 \text{ h}}}$

❷ Die Gravitationskraft zwischen Satellit und Erde ist die Zentripetalkraft auf den Satelliten.

Aus $G \dfrac{m_E \cdot m_S}{r_S^2} = m_S r_S \left(\dfrac{2\pi}{T_S}\right)^2$ folgt:

$r_S = \sqrt[3]{\dfrac{G m_E \cdot T_S^2}{4\pi^2}}$

$r_S = \sqrt[3]{\dfrac{6{,}67 \cdot 10^{-11} \, m^3 \, kg^{-1} \, s^{-2} \cdot 5{,}98 \cdot 10^{24} \, kg \cdot (\frac{24}{12} \cdot 3600 \, s)^2}{4\pi^2}}$

$r_S = 8{,}06 \cdot 10^3 \, km$

Mit dem Erdradius $6{,}37 \cdot 10^3$ km erhält man für die Flughöhe des Satelliten über der Erdoberfläche:

$h = 8{,}06 \cdot 10^3 \, km - 6{,}37 \cdot 10^3 \, km = \underline{1{,}69 \cdot 10^3 \, km}$

❸ a) Aus $T = 2\pi \sqrt{\dfrac{r^3}{G m_E}}$ (Herleitung s. LB S. 110 f.)

ergibt sich mit $r = 6368 \, km + 300 \, km = 6668 \, km$:

$T = 2\pi \sqrt{\dfrac{(6{,}668 \cdot 10^6 \, m)^3}{6{,}67 \cdot 10^{-11} \, m^3 \, kg^{-1} \, s^{-2} \cdot 5{,}977 \cdot 10^{24} \, km}}$

$T = 5{,}42 \cdot 10^3 \, s = \underline{90{,}3 \, min}$

$v = \dfrac{2\pi r}{T} = \dfrac{2\pi \cdot 6{,}668 \cdot 10^6 \, m}{5{,}42 \cdot 10^3 \, s} = \underline{7{,}73 \, km \, s^{-1}}$

$\dfrac{v}{v_{Schall}} = \dfrac{7{,}73 \, km \, s^{-1}}{0{,}33 \, km \, s^{-1}} = 23$

Der Umlauf des Satelliten erfolgt mit 23facher Schallgeschwindigkeit.

b) Mit $g(r) = \dfrac{GM}{r^2}$ folgt:

$\dfrac{g(r)}{g(r_E)} = \dfrac{GM \cdot r_E^2}{r^2 \cdot GM} = \dfrac{r_E^2}{r^2} = \left(\dfrac{6368 \, km}{6668 \, km}\right)^2 = 0{,}912$

$g(r) = 0{,}912 \cdot g(r_E)$

$g(r)$ ist also 91,2% von $g(r_E)$, also um $\underline{8{,}8\%}$ geringer als $g(r_E)$.

❹ Aus $T = 2\pi \sqrt{\dfrac{r^3}{Gm_E}}$ (Herleitung s. LB S. 110f.) folgt:

$$r^3 = \dfrac{T^2}{4\pi^2} Gm_E$$

$$r^3 = \dfrac{(96{,}7 \cdot 60\,\text{s})^2 \cdot 6{,}67 \cdot 10^{-11}\,\text{m}^3\,\text{kg}^{-1}\,\text{s}^{-2} \cdot 5{,}977 \cdot 10^{24}\,\text{kg}}{4\pi^2}$$

$r^3 = 339{,}9 \cdot 10^{18}\,\text{m}^3$

$r\; = 6{,}979 \cdot 10^6\,\text{m} = 6979\,\text{km}$

$r - r_E = 6979\,\text{km} - 6368\,\text{km} = 611\,\text{km}$

Die mittlere Flughöhe über der Erdoberfläche ist $\underline{\underline{6{,}1 \cdot 10^2\,\text{km}}}$.

$$v = \dfrac{2\pi r}{T} = \dfrac{2\pi \cdot 6979\,\text{km}}{96{,}7 \cdot 60\,\text{s}} = \underline{\underline{7{,}56\,\text{km s}^{-1}}}$$

Die durchschnittliche Bahngeschwindigkeit ist $7{,}56\,\text{km s}^{-1}$.

❺ Die Gewichtskraft der Mondfähre ist die Zentripetalkraft.
Aus $mg_M = m\dfrac{v^2}{r_M}$ ergibt sich:

$$v = \sqrt{r_M \cdot g_M} = \sqrt{1{,}740 \cdot 10^6\,\text{m} \cdot 1{,}62\,\text{m s}^{-2}} = \underline{\underline{1{,}68\,\text{km s}^{-1}}}$$

❻ a) 1. Die Gravitationskraft zwischen Kommandoteil (Masse m) und Mond (Masse m_M) ist die Zentripetalkraft. Ist r der Abstand des Kommandoteils vom Mondmittelpunkt, dann gilt:

$$G\dfrac{mm_M}{r^2} = \dfrac{mv^2}{r}$$

Daraus folgt:

$$m_M = \dfrac{rv^2}{G}$$

$$m_M = \dfrac{(1740 + 110) \cdot 10^3\,\text{m} \cdot (1{,}63 \cdot 10^3\,\text{m s}^{-1})^2}{6{,}67 \cdot 10^{-11}\,\text{m}^3\,\text{kg}^{-1}\,\text{s}^{-2}} = \underline{\underline{7{,}37 \cdot 10^{22}\,\text{kg}}}$$

2. Die Dichte des Mondes ergibt sich mit $\varrho = \dfrac{m}{V}$ und $V_M = \tfrac{4}{3} r_M^3 \pi$:

$$\varrho = \dfrac{m_M}{V_M} = \dfrac{7{,}37 \cdot 10^{22}\,\text{kg} \cdot 3}{4 \cdot (0{,}273 \cdot 6{,}368 \cdot 10^6\,\text{m})^3 \cdot \pi}$$

$\varrho = \underline{\underline{3{,}3\,\text{g cm}^{-3}}}$

b) Mit $g(r) = \dfrac{GM}{r^2}$ ergibt sich aus $g_M(r_h) = \tfrac{1}{2} g_M(r)$, wobei $r_h = r + h$ ist:

$$\dfrac{GM}{(r_h)^2} = \dfrac{1}{2} \cdot \dfrac{GM}{r^2}$$

$(r_h)^2 = 2r^2$

$r_h = r\sqrt{2}$

Also: $r + h = r\sqrt{2}$

$h = r(\sqrt{2} - 1)$

$h = (\sqrt{2} - 1) \cdot 0{,}273 \cdot 6368 \text{ km} = \underline{720 \text{ km}}$

❼ a) Durch Abmessungen erhält man aus der Grafik für das Verhältnis von großer Ellipsenachse zum Erddurchmesser:

$$\dfrac{2a_S}{2r_E} = 1{,}9$$

Also ist: $a = 1{,}9 \cdot r_E = 1{,}9 \cdot 6368 \text{ km} = \underline{1{,}2 \cdot 10^4 \text{ km}}$

b) Die Umlaufzeit eines erdnahen Satelliten ($r \approx r_E$) ist $T_1 = 84 \text{ min} = 1{,}4 \text{ h}$ (s. LB S. 111).

Aus $\dfrac{T_S^2}{T_1^2} = \dfrac{a_S^3}{r_E^3}$ ergibt sich:

$$T_S = T_1 \cdot \left(\dfrac{a_S}{r_E}\right)^{\frac{3}{2}}$$

$T_S = 1{,}4 \text{ h} \cdot 1{,}9^{\frac{3}{2}} = 3{,}67 \text{ h} = \underline{3{,}7 \text{ h}}$

Die Zahl z der Punkte der simulierten Satellitenbahn ist deshalb bei 30 Punkten pro Stunde (plus dem Anfangspunkt):

$$z = 3{,}67 \cdot \dfrac{1{,}0 \text{ h}}{2{,}0 \text{ min}} + 1 = \underline{111}$$

(Die Bahn ist damit noch nicht ganz geschlossen.)

c) Man berechnet näherungsweise die Fläche von Dreiecken, deren eine Ecke im Erdmittelpunkt liegt und deren gegenüberliegende Seite aus drei zusammenhängenden 2-Minuten-Strecken besteht. Diese Flächen haben alle etwa den gleichen Wert $\underline{1{,}1 \cdot 10^7 \text{ km}^2}$.

d) $x(\Delta t) = x(0) + v_x(0) \cdot \Delta t = x(0) = \underline{\underline{7{,}0 \cdot 10^3 \text{ km}}}$

$y(\Delta t) = y(0) + v_y(0) \cdot \Delta t = 9{,}0 \cdot 120 \text{ km} = \underline{\underline{1{,}1 \cdot 10^3 \text{ km}}}$

❽ Lösung siehe Anhang

Aufgabe in 5.2.5   Lehrbuch S. 115

❶ Die von der Venus (Masse m_v) auf das Raumfahrzeug (Masse m) ausgeübte Gravitationskraft ist die auf das Raumfahrzeug wirkende Zentripetalkraft. Also gilt:

$$m \frac{v^2}{r} = G \frac{m m_v}{r^2}$$

Daraus folgt:

$$v = \sqrt{\frac{G m_v}{r}}$$

Mit $r = 2 r_v$ ergibt sich für die Geschwindigkeit v, mit der das Raumfahrzeug die Venus umkreist:

$$v = \sqrt{\frac{6{,}67 \cdot 10^{-11} \text{m}^3 \text{kg}^{-1} \text{s}^{-2} \cdot 0{,}819 \cdot 5{,}977 \cdot 10^{24} \text{kg}}{2 \cdot 0{,}950 \cdot 6{,}368 \cdot 10^6 \text{m}}}$$

$v = 5{,}19 \cdot 10^3 \text{ m s}^{-1} = \underline{\underline{5{,}2 \text{ km s}^{-1}}}$

Die Astronauten sind auch bei einer Umkreisung der Venus schwerelos; die Situation entspricht genau der bei einer Umkreisung der Erde.

6 Schwingungen und Wellen

6.1 Harmonische Schwingung

Aufgaben in 6.1.4   Lehrbuch S. 125

❶ Für die Periodendauer T gilt: $T = \dfrac{10\,\text{s}}{8} = 1{,}25\,\text{s}$

a) $y = A \sin \omega t = A \sin\left(\dfrac{2\pi}{T} \cdot t\right) = \dfrac{0{,}18\,\text{m}}{2} \sin\left(\dfrac{2\pi}{1{,}25\,\text{s}} \cdot 8{,}0\,\text{s}\right)$

$y = 9\,\text{cm} \cdot \sin(6{,}4 \cdot 2\pi) = 9\,\text{cm} \cdot \sin(0{,}4 \cdot 2\pi) = 5{,}29\,\text{cm}$

$y = \underline{\underline{5{,}3\,\text{cm}}}$

b) $v = A\omega \cos \omega t = A \dfrac{2\pi}{T} \cos\left(\dfrac{2\pi}{T} \cdot t\right)$

$v = \dfrac{0{,}18\,\text{m}}{2} \cdot \dfrac{2\pi}{1{,}25\,\text{s}} \cdot \cos\left(\dfrac{2\pi}{1{,}25\,\text{s}} \cdot 8{,}0\,\text{s}\right) = \underline{\underline{-0{,}37\,\text{m s}^{-1}}}$

$a = -A\omega^2 \sin \omega t = -\omega^2 y = -\left(\dfrac{2\pi}{T}\right)^2 y$

$a = -\left(\dfrac{2\pi}{1{,}25\,\text{s}}\right)^2 \cdot 5{,}29 \cdot 10^{-2}\,\text{m} = -1{,}34\,\text{m s}^{-2}$

$a = \underline{\underline{-1{,}3\,\text{m s}^{-2}}}$

$\vec{v}$ und $\vec{a}$ sind entgegengesetzt zur positiven y-Achse gerichtet.

c) $v_{\text{max}} = A\omega = A \dfrac{2\pi}{T} = \dfrac{0{,}18\,\text{m}}{2} \cdot \dfrac{2\pi}{1{,}25\,\text{s}} = \underline{\underline{45\,\text{cm s}^{-1}}}$

$a_{\text{max}} = A\omega^2 = A \left(\dfrac{2\pi}{T}\right)^2 = \dfrac{0{,}18\,\text{m}}{2} \cdot \left(\dfrac{2\pi}{1{,}25\,\text{s}}\right)^2 = 2{,}27\,\text{m s}^{-2}$

$a_{\text{max}} = \underline{\underline{2{,}3\,\text{m s}^{-2}}}$

d) In $v = A\omega \cos \omega t$ muß $\omega t = k \cdot \pi$ sein, mit $k \in \mathbb{N}_0$.

$\dfrac{2\pi}{T} t = k \cdot \pi$

$\underline{\underline{t = k \dfrac{T}{2} \quad \text{mit } k \in \mathbb{N}_0}}$

In $a = -A\omega^2 \sin \omega t$ muß $\omega t = (2k+1)\dfrac{\pi}{2}$ sein, mit $k \in \mathbb{N}_0$.

$\dfrac{2\pi}{T} t = (2k+1)\dfrac{\pi}{2}$

$t = (2k+1)\dfrac{T}{4}$ mit $k \in \mathbb{N}_0$

e) $F = m \cdot a = 0{,}050 \text{ kg} \cdot (-1{,}34 \text{ m s}^{-2}) = \underline{\underline{-6{,}7 \cdot 10^{-2} \text{ N}}}$

f) Die Rückstellkraft ist maximal, wenn a maximal ist, also:

$t = (2k+1)\dfrac{T}{4}$ mit $k \in \mathbb{N}_0$

g) $F_{max} = m a_{max} = 0{,}050 \text{ kg} \cdot 2{,}27 \text{ m s}^{-2} = \underline{\underline{0{,}11 \text{ N}}}$

❷ a) Aus $v = A\omega \cos \omega t$ folgt mit $y = A \sin \omega t$:

$|v|$ wird maximal, falls $y = 0$ ist.

$|v|$ wird minimal, falls $|y| = A$ ist.

b) Aus $a = -A\omega^2 \sin \omega t$ folgt mit $y = A \sin \omega t$:

$|a|$ wird maximal, falls $|y| = A$ ist.

$|a|$ wird minimal, falls $y = 0$ ist.

❸ a) $v_{max} = A\omega = A \dfrac{2\pi}{T} = 0{,}10 \text{ m} \dfrac{2\pi}{1{,}2 \text{ s}} = \underline{\underline{0{,}52 \text{ m s}^{-1}}}$

$v_{min} = \underline{\underline{0}}$, da in diesem Fall $\cos \omega t = 0$ ist.

b) $a_{max} = A\omega^2 = A \left(\dfrac{2\pi}{T}\right)^2 = 0{,}10 \text{ m} \left(\dfrac{2\pi}{1{,}2 \text{ s}}\right)^2 = \underline{\underline{2{,}7 \text{ m s}^{-2}}}$

$a_{min} = \underline{\underline{0}}$, da in diesem Fall $\sin \omega t = 0$ ist.

❹ a) Aus $T = 2\pi \sqrt{\dfrac{m}{D}}$ folgt mit $T = \dfrac{11}{10} \text{ s} = 1{,}1 \text{ s}$:

$D = \dfrac{4\pi^2}{T^2} m = \dfrac{4\pi^2}{(1{,}1 \text{ s})^2} \cdot 0{,}430 \text{ kg} = \underline{\underline{14 \text{ N m}^{-1}}}$

b) $E_p = \dfrac{D}{2} y^2 = \dfrac{14\,\text{N}\,\text{m}^{-1}}{2} \cdot (0{,}086\,\text{m})^2 = \underline{\underline{52\,\text{mJ}}}$

c) Aus $y = A \sin\left(\omega t + \dfrac{\pi}{2}\right)$ folgt:

$v = A\omega \cos\left(\omega t + \dfrac{\pi}{2}\right) = A \dfrac{2\pi}{T} \cos\left(\dfrac{2\pi}{T} \cdot t + \dfrac{\pi}{2}\right)$

$v = 0{,}086\,\text{m} \cdot \dfrac{2\pi}{1{,}1\,\text{s}} \cos\left(\dfrac{2\pi}{1{,}1\,\text{s}} \cdot t + \dfrac{\pi}{2}\right)$

$\underline{\underline{v = 0{,}49\,\text{m}\,\text{s}^{-1} \cdot \cos\left(5{,}7\,\text{s}^{-1} \cdot t + \dfrac{\pi}{2}\right)}}$

d) $E_{k\,\text{max}} = \tfrac{1}{2} m v_{\text{max}}^2 = \tfrac{1}{2} \cdot 0{,}430\,\text{kg} \cdot (0{,}49\,\text{m}\,\text{s}^{-1})^2 = \underline{\underline{52\,\text{mJ}}}$

e) $E = E_k + E_p$

$E = \tfrac{1}{2} m v^2 + \tfrac{1}{2} D y^2$

$E = \tfrac{1}{2} \cdot 0{,}430\,\text{kg} \cdot \left[0{,}49\,\text{m}\,\text{s}^{-1} \cdot \cos\left(5{,}7\,\text{s}^{-1} \cdot t + \dfrac{\pi}{2}\right)\right]^2 +$

$\qquad + \tfrac{1}{2} \cdot 14\,\text{N}\,\text{m}^{-1} \cdot \left[0{,}086\,\text{m} \cdot \sin\left(5{,}7\,\text{s}^{-1} \cdot t + \dfrac{\pi}{2}\right)\right]^2$

$E = 5{,}2 \cdot 10^{-2}\,\text{N}\,\text{m} \cdot \left[\cos\left(5{,}7\,\text{s}^{-1} \cdot t + \dfrac{\pi}{2}\right)\right]^2 +$

$\qquad + 5{,}2 \cdot 10^{-2}\,\text{N}\,\text{m} \left[\sin\left(5{,}7\,\text{s}^{-1} \cdot t + \dfrac{\pi}{2}\right)\right]^2$

$E = 5{,}2 \cdot 10^{-2}\,\text{N}\,\text{m} \left[\cos^2\left(5{,}7\,\text{s}^{-1} \cdot t + \dfrac{\pi}{2}\right) + \sin^2\left(5{,}7\,\text{s}^{-1} \cdot t + \dfrac{\pi}{2}\right)\right]$

$E = 5{,}2 \cdot 10^{-2}\,\text{N}\,\text{m} \cdot 1 = 5{,}2 \cdot 10^{-2}\,\text{N}\,\text{m} = 52\,\text{mJ}$

Der Energieerhaltungssatz ist also für jeden Zeitpunkt bei dieser harmonischen Schwingung erfüllt [vgl. ❹ b) und d)].

5 a) Die rücktreibende Gewichtskraft $\vec{F}_G$ der Wassersäule der Höhe $2l$ ist:
$$F_G = m \cdot g = \varrho V \cdot g = \varrho \cdot 2lS \cdot g = 2\varrho Sg \cdot l$$
Also gilt:
$$F_G \sim l$$
Deshalb liegt eine harmonische Schwingung vor.

b) $F_G = 2\varrho Sg \cdot l$, also: $D = 2\varrho Sg$

c) Aus $T = 2\pi\sqrt{\dfrac{m}{D}}$ ergibt sich mit der schwingenden Masse $m_S = \varrho V_S = \varrho \cdot l_0 S$:
$$T = 2\pi\sqrt{\frac{m_S}{D}} = 2\pi\sqrt{\frac{\varrho l_0 S}{2\varrho Sg}} = 2\pi\sqrt{\frac{l_0}{2g}}$$

d) Die für T hergeleitete Gleichung kann man überprüfen, indem man für verschiedene Längen l_0 der schwingenden Flüssigkeitssäule die zugehörige Periodendauer mißt und mit diesen Werten jeweils die Gültigkeit der Gleichung nachprüft.

6 Lösung siehe Anhang

7 Lösung siehe Anhang

6.3 Sinusförmige Transversalwelle

Aufgaben in 6.3.4 \hfill Lehrbuch S. 131 und 132

1 Der Phasenunterschied benachbarter Teilchen ist $\dfrac{\pi}{6}$,

da $|\Delta\varphi| = \dfrac{2\pi}{\lambda}|\Delta x| = \dfrac{2\pi}{\lambda} \cdot \dfrac{\lambda}{12} = \dfrac{\pi}{6}$ ist.

Die Schwingungsgleichung der Teilchen lautet:
$$y_n = 0{,}80\,\text{cm} \cdot \sin\left(\frac{2\pi}{2{,}0\,\text{s}} \cdot t - n \cdot \frac{\pi}{6}\right) \quad \text{mit } n = 0, 1, \ldots, 6$$
$$y_n = 0{,}80\,\text{cm} \cdot \sin\left(\frac{\pi}{\text{s}} \cdot t - n \cdot \frac{\pi}{6}\right) \quad \text{mit } n = 0, 1, \ldots, 6$$

Für $t = 0$ ergibt sich:

$y_0 = \underline{\underline{0}}$

$y_1 = 0{,}80 \text{ cm} \cdot \sin\left(-\dfrac{\pi}{6}\right) = \underline{\underline{-0{,}40 \text{ cm}}}$

$y_2 = 0{,}80 \text{ cm} \cdot \sin\left(-2\dfrac{\pi}{6}\right) = \underline{\underline{-0{,}69 \text{ cm}}}$

$y_3 = 0{,}80 \text{ cm} \cdot \sin\left(-3\dfrac{\pi}{6}\right) = \underline{\underline{-0{,}80 \text{ cm}}}$

$y_4 = 0{,}80 \text{ cm} \cdot \sin\left(-4\dfrac{\pi}{6}\right) = \underline{\underline{-0{,}69 \text{ cm}}}$

$y_5 = 0{,}80 \text{ cm} \cdot \sin\left(-5\dfrac{\pi}{6}\right) = \underline{\underline{-0{,}40 \text{ cm}}}$

$y_6 = 0{,}80 \text{ cm} \cdot \sin\left(-6\dfrac{\pi}{6}\right) = \underline{\underline{0}}$

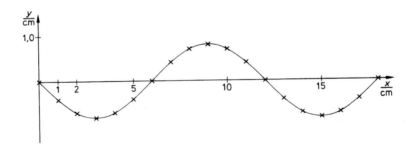

❷ a) Analog zu $y = A \sin \omega t$ und $v = A\omega \cos \omega t$ folgt aus $y_n = A \sin(\omega t - \Delta\varphi)$ für die Geschwindigkeit der Teilchen:

$v_n = A\omega \cos(\omega t - \Delta\varphi)$

$v_n = 0{,}80 \text{ cm} \cdot \dfrac{2\pi}{2{,}0 \text{ s}} \cdot \cos\left(\dfrac{2\pi}{2{,}0 \text{ s}} \cdot t - n\dfrac{\pi}{6}\right)$ mit $n = 0, 1, \ldots, 6$

$\underline{\underline{v_n = 2{,}5 \text{ cm s}^{-1} \cdot \cos\left(\dfrac{\pi}{\text{s}} \cdot t - n\dfrac{\pi}{6}\right)}}$ mit $n = 0, 1, \ldots, 6$

Für $t = 0$ ergibt sich:

$v_0 = 2{,}5\,\text{cm s}^{-1} \cdot 1 = \underline{\underline{2{,}5\,\text{cm s}^{-1}}}$

$v_1 = 2{,}5\,\text{cm s}^{-1} \cdot \cos\left(-\dfrac{\pi}{6}\right) = \underline{\underline{2{,}2\,\text{cm s}^{-1}}}$

$v_2 = 2{,}5\,\text{cm s}^{-1} \cdot \cos\left(-2 \cdot \dfrac{\pi}{6}\right) = \underline{\underline{1{,}3\,\text{cm s}^{-1}}}$

$v_3 = 2{,}5\,\text{cm s}^{-1} \cdot \cos\left(-3 \cdot \dfrac{\pi}{6}\right) = \underline{\underline{0}}$

$v_4 = 2{,}5\,\text{cm s}^{-1} \cdot \cos\left(-4 \cdot \dfrac{\pi}{6}\right) = \underline{\underline{-1{,}3\,\text{cm s}^{-1}}}$

$v_5 = 2{,}5\,\text{cm s}^{-1} \cdot \cos\left(-5 \cdot \dfrac{\pi}{6}\right) = \underline{\underline{-2{,}2\,\text{cm s}^{-1}}}$

$v_6 = 2{,}5\,\text{cm s}^{-1} \cdot \cos\left(-6 \cdot \dfrac{\pi}{6}\right) = \underline{\underline{-2{,}5\,\text{cm s}^{-1}}}$

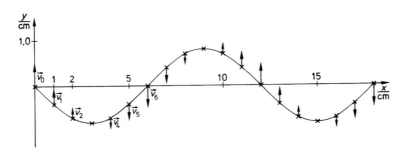

b) $c = \dfrac{\lambda}{T} = \dfrac{12\,\text{cm}}{2{,}0\,\text{s}} = \underline{\underline{6{,}0\,\text{cm s}^{-1}}}$

❸ a) $c = \lambda \cdot f = 0{,}30\,\text{m} \cdot 10\,\text{s}^{-1} = \underline{\underline{3{,}0\,\text{m s}^{-1}}}$

b) Aus $c = \dfrac{x}{t}$ folgt:

$t = \dfrac{x}{c} = \dfrac{9{,}0\,\text{m}}{3{,}0\,\text{m s}^{-1}} = \underline{\underline{3{,}0\,\text{s}}}$

c) $v_\text{max} = A\omega = A \cdot 2\pi f = 4{,}0 \cdot 10^{-2}\,\text{m} \cdot 2\pi \cdot 10\,\text{s}^{-1} = \underline{\underline{2{,}5\,\text{m s}^{-1}}}$

❹ $y = A \sin(\omega t - \pi) = 1{,}0 \text{ cm} \cdot \sin(2\pi \cdot 5{,}0 \text{ s}^{-1} \cdot t - \pi)$
$y = 1{,}0 \text{ cm} \cdot \sin(10\pi \text{ s}^{-1} \cdot t - \pi)$

$y(0) = 1{,}0 \text{ cm} \cdot \sin(-\pi) = 0$

$y(0{,}05 \text{ s}) = 1{,}0 \text{ cm} \cdot \sin\left(\dfrac{\pi}{2} - \pi\right) = -1{,}0 \text{ cm}$

$y(0{,}10 \text{ s}) = 1{,}0 \text{ cm} \cdot \sin(\pi - \pi) = 0$
$y(0{,}15 \text{ s}) = 1{,}0 \text{ cm} \cdot \sin(1{,}5\pi - \pi) = 1{,}0 \text{ cm}$
$y(0{,}20 \text{ s}) = 1{,}0 \text{ cm} \cdot \sin(2\pi - \pi) = 0$
$y(0{,}25 \text{ s}) = 1{,}0 \text{ cm} \cdot \sin(2{,}5\pi - \pi) = -1{,}0 \text{ cm}$

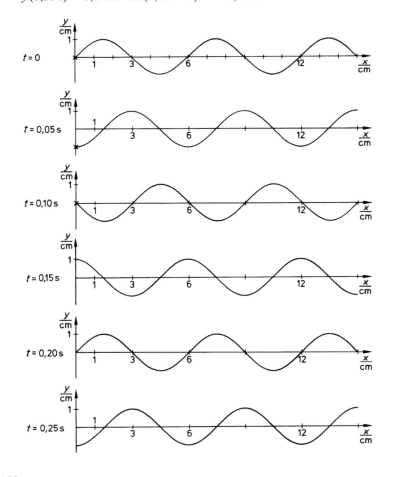

❺ a) program Oszillator;
   USES TpGraf;
   CONST dt = 0.02;
   VAR t:real;
   BEGIN
     GrafikEin;
     DefWelt(−2,−1.1,20,1.1);
     Achsen('x','y');
     t: = 0;
     WHILE NOT KEYPRESSED DO
     BEGIN
       MKreuz(1,sin(t));
       MKreuz(2,sin(t−pi));
       DELAY(30);
       MKreuz(1,sin(t));
       MKreuz(2,sin(t−pi));
       t: = t + dt;
     END;
     GrafikAus;
   END.

Die in der Aufgabe verlangten Programmänderungen sind jeweils durch Fettdruck gekennzeichnet.

b) Im Programm zur Teilaufgabe a) muß beide Male
   sin(t−pi)
   durch
   sin(t−pi**/10**)
   ersetzt werden.

c) program Oszillator;
   USES TpGraf;
   CONST dt = **0.08;**
   VAR t:real;
       i:integer;
   BEGIN
     GrafikEin;
     DefWelt(−1,−1.1,20,1.1);
     Achsen('x','y');
     t: = 0;
     WHILE NOT KEYPRESSED DO
     BEGIN
       FOR i:=1 to 20 DO
   MKreuz(i,sin(t−pi/10∗(i−1)));

```
    FOR i:=1 to 20 DO
    MKreuz(i,sin(t−pi/10*(i−1)));
      t:=t+dt;
    END;
    GrafikAus;
   END.
```

d) Die Phasenverschiebung der Oszillatoren an den Orten $x = 1$ und $x = 20$ beträgt $\varphi = \dfrac{19\pi}{10}$.
Daraus ergibt sich für den Abstand Δx der beiden Oszillatoren:

$$\Delta x = \frac{|\varphi|}{2\pi}\lambda = 0{,}95\lambda$$

e) Im Programm zur Teilaufgabe c) muß beide Male
sin(t−pi/10*(i−1))
durch
sin(t+pi/10*(i−1))
ersetzt werden.

6.4 Interferenz bei zwei Wellenzentren; stehende Welle

Aufgaben in 6.4.3   Lehrbuch S.136

❶ *Hinweis:* Bei den Bildern zur Aufgabe ❶ ist die Streckenlänge $\overline{E_1E_2}$ im Bild verkleinert.
1 cm $\triangleq$ 0,8 cm im Bild

a) Auf der Verbindungslinie zwischen beiden Erregern wechseln Stellen vollkommener Ruhe (Knoten) mit Stellen starker Schwingungsbewegung (Bäuche) regelmäßig ab. Diese Stellen verändern ihre Lage nicht [„stehende Welle"].
Wegen der gleichphasigen Schwingung der beiden Erreger ist in der Mitte zwischen E_1 und E_2 ein Schwingungsbauch. Die anderen Bäuche befinden sich in den Abständen 1 cm und 2 cm davon.

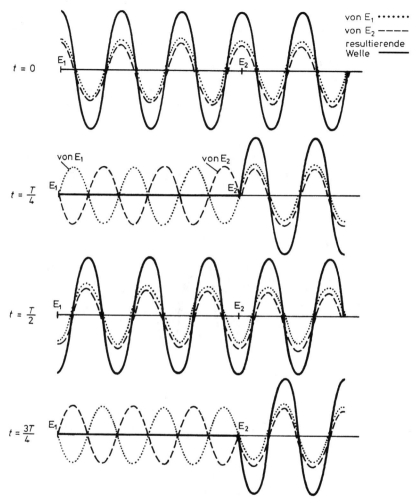

b) Für das restliche Gebiet der Geraden durch E_1 und E_2 außerhalb $[E_1 E_2]$ gilt: Die an den einzelnen Punkten erzeugten Schwingungen haben in jedem Punkt die gleiche Phasendifferenz; diese ist durch die Entfernung der beiden Erreger festgelegt.

Für $\overline{E_1 E_2} = 6\,\text{cm} = 3 \cdot \lambda$ ergibt sich dabei eine fortschreitende Welle maximaler Amplitude [s. a. Bild zu a)]; es treffen Berg auf Berg und Tal auf Tal.
Für $\overline{E_1 E_2} = 5\,\text{cm} = 2{,}5 \cdot \lambda$ ergibt sich dabei gegenseitige Auslöschung; es treffen Berg auf Tal und Tal auf Berg.

c) 1. Auf der Verbindungslinie zwischen beiden Erregern wechseln Stellen vollkommener Ruhe (Knoten) mit Stellen starker Schwingungsbewegung (Bäuche) regelmäßig ab. Diese Stellen verändern ihre Lage nicht [„stehende Welle"].

Wegen der Gegenphasigkeit der Schwingungen der beiden Erreger ist in der Mitte zwischen E_1 und E_2 ein Schwingungsknoten. Die anderen Knoten befinden sich in den Abständen 1 cm und 2 cm davon.

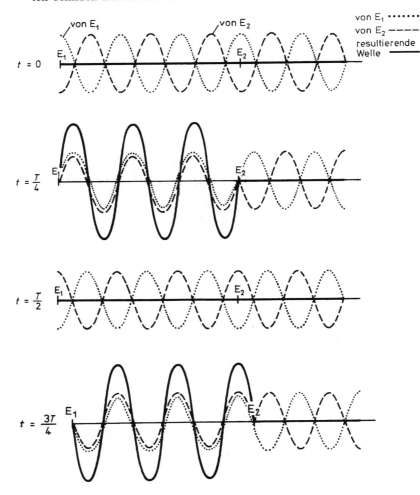

2. Für das restliche Gebiet der Geraden durch E_1 und E_2 außerhalb $[E_1E_2]$ gilt: Die an den einzelnen Punkten erzeugten Schwingungen haben in jedem Punkt die gleiche Phasendifferenz; diese ist durch die Entfernung der beiden Erreger festgelegt.

Für $\overline{E_1E_2} = 6$ cm ergibt sich dabei gegenseitige Auslöschung [s. a. Bild zu c) 1.].

Für $\overline{E_1E_2} = 5$ cm ergibt sich dabei eine fortschreitende Welle maximaler Amplitude.

 a)

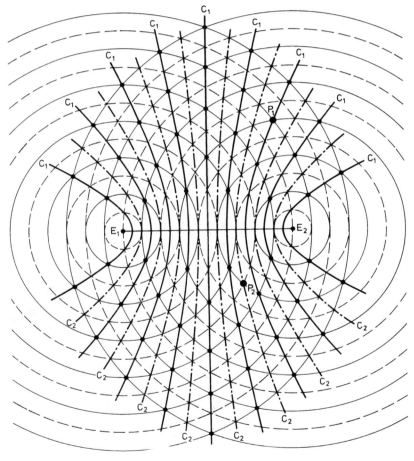

b) Im Punkt P_1 gilt:

$|\Delta s| = 5\lambda - 3\lambda = 2\lambda$

Die Bedingung für Maxima $|\Delta s_k| = 2k \cdot \dfrac{\lambda}{2}$ mit $k \in \mathbb{N}_0$ ist erfüllt ($k = 2$).

Im Punkt P_2 gilt:

$|\Delta s| = 3{,}5\lambda - 2\lambda = 1{,}5\lambda$

Die Bedingung für Minima $|\Delta s_k| = \tfrac{1}{2}(2k - 1) \cdot \lambda$ mit $k \in \mathbb{N}$ ist erfüllt ($k = 2$).

❸ a) *Hinweis:* Das Bild zur Teilaufgabe a) ist etwas verkleinert.
1 cm $\hat{=}$ 0,9 cm im Bild.

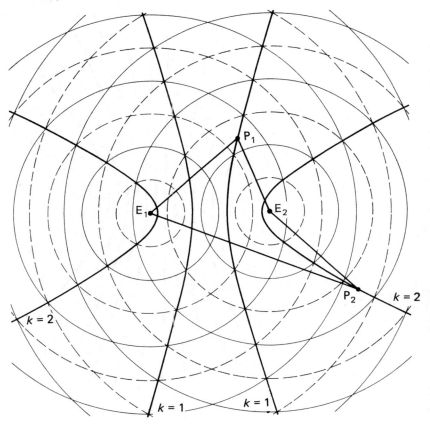

In der Zeichnung ist ein Momentbild mit Wellenbergen (z. B. durchgezeichnete Kreise) und Wellentälern (z. B. gestrichelte Kreise) gezeichnet. Trifft ein Berg mit einem Tal zusammen, so ist dort ein Ort der Ruhe. Zur Konstruktion müssen nicht unbedingt Wellenberge bzw. Wellentäler verwendet werden. Man findet auch Orte der Ruhe, wenn man berücksichtigt, daß dabei für die Beträge der Wegdifferenzen Δs gelten muß:

$|\Delta s_k| = \frac{1}{2}(2k-1)\lambda = \frac{1}{2}(2k-1) \cdot 2{,}0\,\text{cm} = (2k-1)\,\text{cm}$

Für $k = 1$ folgt: $|\Delta s_1| = 1{,}0\,\text{cm}$

z. B. $|\Delta s_1| = \overline{E_1P_1} - \overline{E_2P_1} = 3{,}4\,\text{cm} - 2{,}4\,\text{cm} = 1{,}0\,\text{cm}$

Für $k = 2$ folgt: $|\Delta s_2| = 3{,}0\,\text{cm}$

z. B. $|\Delta s_2| = \overline{E_1P_2} - \overline{E_2P_2} = 6{,}5\,\text{cm} - 3{,}5\,\text{cm} = 3{,}0\,\text{cm}$

b) Da auch bei $\overline{E_1E_2} = 3{,}0\,\text{cm}$ für die Punkte der Hyperbeln der Ruhe $|\Delta s_k| = (2k-1)\,\text{cm}$ gelten muß, ergeben sich stärker gekrümmte Hyperbeln.

c) *Hinweis:* Bei den Bildern zur Teilaufgabe c) ist die Streckenlänge $\overline{E_1E_2}$ im Bild verkleinert.
1 cm ≙ 0,5 cm im Bild.

Nach Teilaufgabe a) gilt für die Beträge der Wegdifferenzen bei den Hyperbeln der Ruhe unabhängig von $\overline{E_1E_2}$:

$|\Delta s_1| = 1{,}0\,\text{cm}$ und $|\Delta s_2| = 3{,}0\,\text{cm}$ (nur möglich für $\overline{E_1E_2} \geq 3{,}0\,\text{cm}$)

1. $\overline{E_1E_2} = 3{,}0\,\text{cm}$

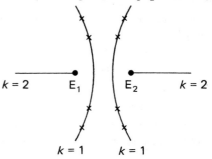

Auf der Verbindungsstrecke zwischen den beiden Erregern wechseln Stellen vollkommener Ruhe (Knoten) mit Stellen starker Schwingungsbewegung (Bäuche) regelmäßig ab. Diese Stellen verändern ihre Lage nicht [„stehende Welle"]. Für das restliche Gebiet der Geraden durch E_1 und E_2 außerhalb der Strecke [E_1E_2] ergeben sich Orte der Ruhe, da für alle diese Punkte jeweils $|\Delta s| = 3{,}0\,\text{cm}$ ist.

2. $\overline{E_1E_2} = 2{,}0$ cm

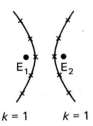

Auf der Strecke [E_1E_2] wechseln Stellen vollkommener Ruhe (Knoten) und Stellen starker Schwingungsbewegung (Bäuche) regelmäßig ab. Diese Stellen verändern ihre Lage nicht [„stehende Welle"]. Für die Punkte der Geraden durch E_1 und E_2 außerhalb der Strecke [E_1E_2] sind die Beträge der Wegdifferenzen jeweils 2,0 cm, also gleich der Wellenlänge. Damit findet dort maximale Wellenbewegung statt.

3. $\overline{E_1E_2} = 1{,}0$ cm

Im Mittelpunkt der Strecke [E_1E_2] ist ein Schwingungsbauch. Alle Punkte der Geraden durch E_1 und E_2 außerhalb der Strecke [E_1E_2] sind Punkte der Ruhe, da für sie $|\Delta s| = 1{,}0$ cm ist.

Offene Aufgabenstellung   Lehrbuch S. 137

Die Addition der durch die drei Wellen in P erzeugten Schwingungen muß Null ergeben:

$$y_1 = A \sin(\omega t + \varphi_1)$$
$$y_2 = A \sin(\omega t + \varphi_2)$$
$$y_3 = A \sin(\omega t + \varphi_3)$$
$$y_1 + y_2 + y_3 = 0$$

Dies muß für jede Zeit t gelten, also auch für $t = 0$.
Wir wählen speziell $\varphi_1 = 0$ und aus Symmetriegründen $\varphi_3 = 2\varphi_2$, dann gilt:

$$y_1 + y_2 + y_3 = 0 + A \sin \varphi_2 + A \sin 2\varphi_2 = 0$$
$$\sin \varphi_2 + 2 \sin \varphi_2 \cos \varphi_2 = 0$$
$$\sin \varphi_2 (1 + 2 \cos \varphi_2) = 0$$

Daraus folgt:

sin $\varphi_2 = 0$ oder $1 + 2\cos\varphi_3 = 0$
$\varphi_2 = 0 = \varphi_1$ $\cos\varphi_2 = -\frac{1}{2}$
(nicht brauchbar) $\varphi_2 = 120°$
                          Mit $\varphi_3 = 2\varphi_2$ ergibt sich daraus:
                                  $\varphi_3 = 240°$

Damit ist mit $\varphi_1 = 0$, $\varphi_2 = 120°$ und $\varphi_3 = 240°$:

$y_1 = A \sin(\omega t + 0)$
$y_2 = A \sin(\omega t + 120°)$
$y_3 = A \sin(\omega t + 240°)$

Wir zeigen, daß für alle t gilt:

$y_1 + y_2 + y_3 = 0$

und verwenden dazu:

$\sin(\alpha + \beta) = \sin\alpha \cdot \cos\beta + \cos\alpha \cdot \sin\beta$

$y_1 = A \sin\omega t$
$y_2 = A[\sin\omega t \cdot (-\frac{1}{2}) + \cos\alpha \cdot 0{,}866]$
$y_3 = A[\sin\omega t \cdot (-\frac{1}{2}) + \cos\alpha \cdot (-0{,}866)]$

Damit folgt für beliebige t:

$y_1 + y_2 + y_3 = 0$

Damit die drei Wellen in P diese Schwingungen y_1, y_2 und y_3 erzeugen, haben sie gegeneinander folgende Gangunterschiede:

Δs_{12} ist der Gangunterschied der Welle 2 gegen Welle 1,
Δs_{13} ist der Gangunterschied der Welle 3 gegen Welle 1,

Aus $\dfrac{\Delta s}{\lambda} = \dfrac{\Delta \varphi}{2\pi}$ folgt: $\Delta s = \dfrac{\lambda}{2\pi} \Delta\varphi$

Mit $\Delta\varphi_{12} = 120° = \dfrac{2\pi}{3}$ und $\Delta\varphi_{13} = 240° = \dfrac{4\pi}{3}$

ist: $\Delta s_{12} = \dfrac{\lambda}{2\pi} \cdot \dfrac{2\pi}{3}$

       $\Delta s_{12} = \dfrac{\lambda}{3}$

$$\Delta s_{13} = \frac{\lambda}{2\pi} \cdot \frac{4\pi}{3}$$

$$\Delta s_{13} = 2 \cdot \frac{\lambda}{3}$$

Einfacher als die Addition von Schwingungsfunktionen ist in vielen Fällen die Anwendung des *Zeigerdiagramms*. Die Darstellung der Funktionen y_1, y_2 und y_3 als Zeiger erlaubt die grafische Ermittlung von Amplitude und Phasenlage der Überlagerungsschwingung. Der Lehrer kann diese offene Aufgabenstellung dazu benützen, selbst eine Einführung in die Methode der Zeigerdarstellung zu geben oder auf geeignete Literatur zu verweisen.

Aufgabe in 6.4.4 Lehrbuch S. 140

❶ Mißt man in B16 den Abstand von sechs Wellenlängen, so ergibt sich der gleiche Wert wie der Abstand a, den die Erreger haben: $\underline{\underline{a = 6\lambda}}$

Die Kurven maximaler Schwingungsbewegung gehen durch die Bäuche der stehenden Welle zwischen den Erregern E_1 und E_2. In der Mitte M zwischen den Erregern ist ein Bauch. Die Mittelsenkrechte zu $[E_1 E_2]$ ist die 1. „Kurve" maximaler Schwingungsbewegung.

Die weiteren Bäuche der stehenden Welle liegen von M $1 \cdot \frac{\lambda}{2}$, $2 \cdot \frac{\lambda}{2}$, ..., $6 \cdot \frac{\lambda}{2}$ entfernt. Das sind 6 Bäuche links und 6 Bäuche rechts von M; damit ergeben sich weitere 12 Kurven maximaler Schwingungsbewegung; insgesamt sind es also $\underline{\underline{13}}$ Kurven maximaler Schwingungsbewegung.

Zwei Bäuche fallen mit den Erregern zusammen. Die „Kurven", die von diesen Bäuchen ausgehen, liegen auf $E_1 E_2$, aber außerhalb $[E_1 E_2]$.

B16 entnimmt man ebenfalls 13 Kurven maximaler Schwingungsbewegung.

Offene Aufgabenstellung   Lehrbuch S. 140

1. Die senkrechte Parallelprojektion einer gleichmäßigen Kreisbewegung ist in zeitlicher Abhängigkeit eine Sinuslinie (vgl. LB S. 120, B1 und B2); so ergeben sich die Sinuskurven der Jupitermonde in B25.

2. Die Amplituden der jeweiligen Sinuskurven sind ein Maß für die zugehörigen Mondbahnradien r; eine volle Wellenlänge ist ein Maß für die jeweilige Umlaufzeit T. Durch entsprechendes Ausmessen zeigt man, daß für alle 4 Monde die zugehörigen Werte für $\dfrac{r^3}{T^2}$ etwa gleich sind; also gilt das 3. Kepler-Gesetz.

3. Ist m die Masse eines Jupitermondes und M die Masse des Jupiter, so gilt:

$$G\,\frac{mM}{r^2} = mr\,\frac{4\pi^2}{T^2}$$

Daraus folgt: $M = \dfrac{4\pi^2}{G} \cdot \dfrac{r^3}{T^2}$

Um damit die Jupitermasse bestimmen zu können, muß man von einem der Jupitermonde aus B25 die Umlaufzeit in Sekunden ermitteln. Ferner benötigt man für diesen Mond den Bahnradius in Meter. Dieser ist z. B. mit Hilfe eines Fernrohrs aus dem maximalen Winkelabstand bei einer Jupiter-Opposition, bei der der Abstand Erde–Jupiter gerade 4,2 AE ist, zu ermitteln.

Anhang: Aufgaben aus Abschlußprüfungen

Lehrbuch S. 141 bis 148

❶ 1.1 Messung der Zeiten t_{AB} und t_{BC}:
Man benötigt an den Stellen B und C je eine Lichtschranke und zwei Stoppuhren.
Durch Öffnen des Schalters S setzt sich der Wagen in Bewegung; gleichzeitig wird die erste Stoppuhr gestartet. Diese wird wieder angehalten, wenn der Wagen die Lichtschranke in B unterbricht. Die erste Stoppuhr zeigt dann die Zeit t_{AB} an.
Gleichzeitig mit der Unterbrechung der Lichtschranke in B wird die zweite Stoppuhr gestartet. Diese wird wieder angehalten, wenn der Wagen die Lichtschranke in C unterbricht. Die zweite Stoppuhr zeigt dann die Zeit t_{BC} an.

1.2 $v_B = \dfrac{s_{BC}}{t_{BC}}$, da die Geschwindigkeit auf der Strecke s_{BC} konstant bleibt.

$v_B = \dfrac{0{,}40 \text{ m}}{0{,}58 \text{ s}} = \underline{\underline{0{,}69 \text{ m s}^{-1}}}$

1.3.1

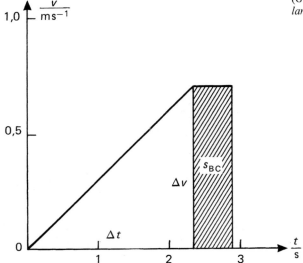

(*Grafik nicht im verlangten Maßstab*)

1.3.2 Aus dem Diagramm oder aus t_{AB} und v_B folgt:

$v_B = \Delta v = 0{,}69 \text{ m s}^{-1}$ $\quad t_{AB} = \Delta t = 2{,}30 \text{ s}$

Mit $a = \dfrac{\Delta v}{\Delta t}$ ergibt sich:

$a = \dfrac{0{,}69 \text{ m s}^{-1}}{2{,}30 \text{ s}} = \underline{\underline{0{,}30 \text{ m s}^{-2}}}$

1.3.3 Da die Fläche unter dem ansteigenden Graphen ein Maß für die Strecke s_{AB} ist, gilt:

$s_{AB} = \tfrac{1}{2} \cdot v_B \; t_{AB}$
$s_{AB} = \tfrac{1}{2} \cdot 0{,}69 \text{ m s}^{-1} \cdot 2{,}30 \text{ s} = \underline{\underline{0{,}79 \text{ m}}}$

Das Maß für die Strecke s_{BC} ist im Diagramm von 1.3.1 grau unterlegt.

1.3.4 *(Grafik nicht im verlangten Maßstab)*

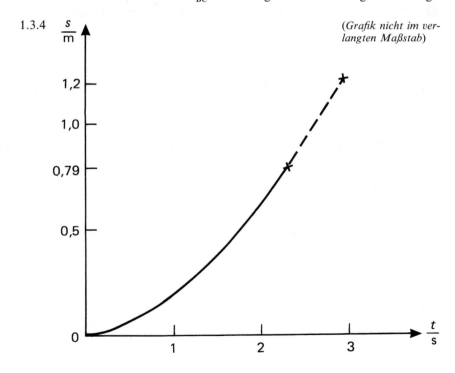

1.4 Die beschleunigte Masse m setzt sich aus der Masse m_W des Wagens und der Masse m_K des Körpers zusammen:

$m = m_W + m_K$

Die beschleunigende Kraft ist: $F_G = m_K \cdot g$
Also gilt:

$m_K g = (m_W + m_K) a$

$m_K (g - a) = m_W a$

$m_K = m_W \dfrac{a}{g - a}$

$m_K = 320 \text{ g} \cdot \dfrac{0{,}30 \text{ m s}^{-2}}{9{,}81 \text{ m s}^{-2} - 0{,}30 \text{ m s}^{-2}}$

$m_K = \underline{\underline{10 \text{ g}}}$

❷ 1.1.1 Mit $s_{AB} = 40{,}0$ mm und den angegebenen Zeiten t_{AB} erhält man mit $v = \dfrac{s}{t}$:

$v_1 = \dfrac{40{,}0 \text{ mm}}{30{,}0 \text{ ms}} = 1{,}33 \text{ m s}^{-1}$

$v_2 = \dfrac{40{,}0 \text{ mm}}{15{,}4 \text{ ms}} = 2{,}60 \text{ m s}^{-1}$

$v_3 = \dfrac{40{,}0 \text{ mm}}{10{,}0 \text{ ms}} = 4{,}00 \text{ m s}^{-1}$

Zusammen mit den zugehörigen Wurfweiten x_W ergeben sich die folgenden v-x_W-Wertepaare:

$\dfrac{v}{\text{m s}^{-1}}$	1,33	2,60	4,00
$\dfrac{x_W}{\text{m}}$	0,75	1,48	2,30

Damit ergibt sich das $v\text{-}x_\text{W}$-Diagramm:

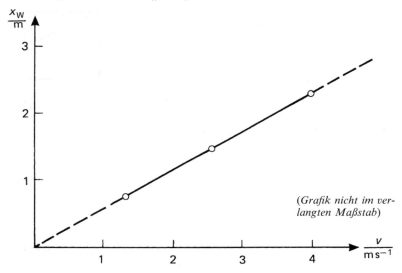

(*Grafik nicht im verlangten Maßstab*)

Der $v\text{-}x_\text{W}$-Graph ist Teil einer Geraden durch den Ursprung, also ist $\underline{\underline{x_\text{W} \sim v}}$.

1.1.2 Aus $x_\text{W} \sim v$ folgt: $\qquad x_\text{W} = kv$

k erhält man aus dem Graphen.

$$k = \frac{\Delta x_\text{W}}{\Delta v} = \frac{(2{,}30 - 0{,}75)\,\text{m}}{(4{,}00 - 1{,}33)\,\text{m}\,\text{s}^{-1}} = \underline{\underline{0{,}58\,\text{s}}}$$

In der Aufgabe wurde dieses Teilergebnis mit $k = 0{,}57\,\text{s}$ angegeben; deshalb benützen wir im folgenden diesen Wert.

1.1.3 Nach 1.1.2 ist k die Zeit, die die Kugel zum Zurücklegen der horizontalen Strecke x_W benötigt.
Da eine Kugel beim waagrechten Wurf immer die gleiche y-Koordinate wie beim freien Fall hat, ist k auch die Fallzeit der Kugel.

1.1.4 Bei dieser Aufgabe ist die y-Achse nach unten orientiert, also gilt:

$y(t) = +\tfrac{1}{2}gt^2$

Mit $y = h$ und $t = k$ ist:

$h = \tfrac{1}{2}gk^2 = \tfrac{1}{2} \cdot 9{,}81\,\text{m}\,\text{s}^{-2} \cdot (0{,}57\,\text{s})^2 = \underline{\underline{1{,}6\,\text{m}}}$

1.1.5 a) *Betrag der Geschwindigkeit*

1. Lösungsmöglichkeit:

$v_\text{Auftr.} = \sqrt{v_x^2 + v_y^2}$

$v_\text{Auftr.} = \sqrt{v_3^2 + (g\,t_\text{Fall})^2}$

$v_\text{Auftr.} = \sqrt{(4{,}00\ \text{m s}^{-1})^2 + (9{,}81\ \text{m s}^{-2} \cdot 0{,}57\ \text{s})^2} = \underline{\underline{6{,}9\ \text{m s}^{-1}}}$

2. Lösungsmöglichkeit:
Nach dem Energieerhaltungssatz gilt:

$$\frac{m}{2}(v_\text{Auftr.})^2 = mgh + \frac{m}{2}(v_\text{Absch.})^2$$

Daraus folgt:

$v_\text{Auftr.} = \sqrt{2gh + v_\text{Absch.}^2}$

$v_\text{Auftr.} = \sqrt{2 \cdot 9{,}81\ \text{m s}^{-2} \cdot 1{,}6\ \text{m} + (4{,}0\ \text{m s}^{-1})^2} = \underline{\underline{6{,}9\ \text{m s}^{-1}}}$

b) *Richtung der Geschwindigkeit*

1. Lösungsmöglichkeit:

$\tan \alpha = \dfrac{v_y}{v_x} = \dfrac{g\,t_\text{Fall}}{v_3}$

$\tan \alpha = \dfrac{9{,}81\ \text{m s}^{-2} \cdot 0{,}57\ \text{s}}{4{,}00\ \text{m s}^{-1}}$ Daraus folgt: $\underline{\underline{\alpha = 54°}}$

2. Lösungsmöglichkeit:
Aus $y = \tfrac{1}{2}gt^2$ und $x = vt$ ergibt sich

$y = \tfrac{1}{2}g\left(\dfrac{x}{v}\right)^2 = \tfrac{1}{2} \cdot \dfrac{g}{v^2} \cdot x^2$ als Bahnkurve.

Aus der Ableitung $y' = \dfrac{g}{v^2}x$ folgt mit $v = v_3$ und $x = x_\text{W}$:

$\tan \alpha = \dfrac{9{,}81\ \text{m s}^{-2}}{(4{,}00\ \text{m s}^{-1})^2} \cdot 2{,}30\ \text{m}$ Daraus folgt: $\underline{\underline{\alpha = 55°}}$

1.2 Im Koordinatensystem bei dieser Aufgabe ist:

$x = vt$

$y = \frac{1}{2}gt$

Daraus folgt:

$$y = \frac{1}{2}g\left(\frac{x}{v}\right)^2 = \frac{g}{2v^2} \cdot x^2$$

1.3 Nach dem Energieerhaltungssatz gilt, wenn die Feder um die Strecke s zusammengedrückt wird:

$\frac{1}{2}Ds^2 = \frac{1}{2}mv^2$

$D = \frac{mv^2}{s^2}$

$D = \frac{7{,}5 \cdot 10^{-3}\,\text{kg} \cdot (4{,}00\,\text{m s}^{-1})^2}{(30{,}0 \cdot 10^{-3}\,\text{m})^2} = \underline{\underline{133\,\text{N m}^{-1}}}$

2.1 Nach dem Energieerhaltungssatz gilt:

$E_{\text{pot}}(0) = E_{\text{pot}}(t) + E_{\text{kin}}(t)$

$mgh = E_{\text{pot}}(t) + \frac{m}{2}[v(t)]^2$

Also: $E_{\text{pot}}(t) = mgh - \frac{m}{2}(gt)^2 = \underline{\underline{mg(h - \frac{1}{2}gt^2)}}$

2.2 Aus $E_{\text{pot}}(t) = mg(h - \frac{1}{2}gt^2)$ folgt für die Zeit t_E, zu der die Kugel auf den Boden trifft, mit $E_{\text{pot}}(t_E) = 0$ und $h = h_0$:

$mg(h_0 - \frac{1}{2}gt_E^2) = 0$ \qquad wobei $mg \neq 0$ ist.

$t_E = \sqrt{\frac{2h_0}{g}} = \sqrt{\frac{2 \cdot 2{,}00\,\text{m}}{9{,}81\,\text{m s}^{-2}}} = \underline{\underline{0{,}639\,\text{s}}}$

Aus $E_{\text{pot}}(t) = mg(h - \frac{1}{2}gt^2)$ erhält man mit den Daten von 2.0 folgende Wertetabelle:

$\dfrac{t}{\text{s}}$	0	0,20	0,40	0,60
$\dfrac{E_{\text{pot}}(t)}{\text{mJ}}$	147	133	89	17

Dazu hat man noch das Wertepaar (0,639 s; 0).

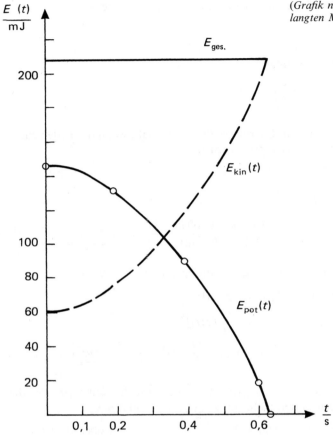

(Grafik nicht im verlangten Maßstab)

2.3 Die Gesamtenergie bleibt nach dem Energieerhaltungssatz konstant, z. B. gilt:

$E_{ges} = E_{kin}(0) + E_{pot}(0)$

$E_{ges} = \dfrac{m}{2} v_0^2 + mgh_0$

$E_{ges} = \dfrac{7{,}5 \cdot 10^{-3}\,\text{kg}}{2} \cdot (4{,}00\ \text{m s}^{-1})^2 + 7{,}5 \cdot 10^{-3}\,\text{kg} \cdot 9{,}81\,\text{m s}^{-2} \cdot 2{,}00\,\text{m}$

$E_{ges} = \underline{\underline{207\ \text{mJ}}}$

E_{ges} wird in die Grafik von 2.2 eingetragen.

2.4 Nach dem Energieerhaltungssatz gilt auch:

$E_{ges} = E_{kin}(t) + E_{pot}(t)$

Daraus folgt:

$E_{kin}(t) = E_{ges} - E_{pot}(t)$

Mit $E_{ges} = \dfrac{m}{2} v_0^2 + mgh_0$ aus Teilaufgabe 2.3

und $E_{pot}(t) = mg(h_0 - \tfrac{1}{2}gt^2)$ aus Teilaufgabe 2.1

ergibt sich:

$E_{kin}(t) = \dfrac{m}{2} v_0^2 + mgh_0 - mg(h_0 - \tfrac{1}{2}gt^2)$

$\phantom{E_{kin}(t)} = \dfrac{m}{2} v_0^2 + \tfrac{1}{2}mg^2 t^2$

$\phantom{E_{kin}(t)} = \underline{\underline{\dfrac{m}{2} (v_0^2 + g^2 t^2)}}$

2.5 Wegen $E_{kin}(t) = E_{ges} - E_{pot}(t)$ erhält man den t-E_{kin}-Graphen als Differenz von E_{ges} und $E_{pot}(t)$. Dieser Graph wird auch in das Diagramm von 2.2 eingetragen.

❸ 1.1.1 Im höchsten Punkt C der Kreisbahn soll gelten: $a_Z = 1{,}6 \cdot g$

Aus $a_Z = \dfrac{v_C^2}{r}$ folgt:

$v_C = \sqrt{a_Z \cdot r}$
$v_C = \sqrt{1{,}6 \cdot g \cdot r} = \underline{\underline{\sqrt{1{,}6 \cdot r \cdot g}}}$

1.2.1 Für die Gesamtenergie E_{ges} muß gelten:

$E_{ges} = E_{pot\,C} + E_{kin\,C}$
$E_{ges} = mg2r + \tfrac{1}{2}mv_C^2$
$E_{ges} = mg2r + \tfrac{1}{2}m \cdot 1{,}6rg$
$E_{ges} = \underline{\underline{2{,}8 \cdot mrg}}$

1.2.2 Nach dem Energieerhaltungssatz gilt in beliebiger Höhe h über dem Bezugsniveau:

$E_{ges} = E_{pot}(h) + E_{kin}(h)$

$$E_{\text{ges}} = mgh + \tfrac{1}{2}m[v(h)]^2$$
$$2{,}8\,mrg = mgh + \tfrac{1}{2}m[v(h)]^2 \quad \Big| \cdot \frac{2}{m}$$
$$5{,}6\,rg = 2gh + [v(h)]^2$$

Daraus folgt:
$$v(h) = \sqrt{5{,}6\,rg - 2gh} = \underline{\underline{\sqrt{g \cdot (5{,}6\,r - 2h)}}}$$

1.2.3 Aus $F_Z = m\dfrac{[v(h)]^2}{r}$ folgt mit $h = r$:

$$F_Z = m\,\frac{g(5{,}6\,r - 2r)}{r}$$
$$F_Z = mg \cdot 3{,}6$$
$$F_Z = 3{,}6 \cdot 1{,}2 \cdot 10^3\,\text{kg} \cdot 9{,}81\,\text{m\,s}^{-2} = \underline{\underline{42\,\text{kN}}}$$

1.2.4 Bedingung:
$$E_{\text{kin B}} = E_{\text{ges}}$$
$$\tfrac{1}{2}m(v_B)^2 = 2{,}8\,mrg$$
$$v_B = \sqrt{5{,}6\,rg}$$
$$v_B = \sqrt{5{,}6 \cdot 8{,}0\,\text{m} \cdot 9{,}81\,\text{m\,s}^{-2}} = \underline{\underline{21\,\text{m\,s}^{-1}}}$$

1.2.5 Es muß gelten:

$$E_{\text{pot A}} = E_{\text{ges}}$$
$$mgh_A = 2{,}8\,mrg$$
$$h_A = 2{,}8\,r$$
$$h_A = 2{,}8 \cdot 8{,}0\,\text{m} = \underline{\underline{22\,\text{m}}}$$

1.3.1 Bedingung:

$$F_m = m(g + 0{,}33\,g)$$
$$F_m = 1{,}2 \cdot 10^3\,\text{kg} \cdot 1{,}33 \cdot 9{,}81\,\text{m\,s}^{-2}$$
$$F_m = \underline{\underline{16\,\text{kN}}}$$

1.3.2 Aus $v(t) = v_0 + at$ ergibt sich mit $v_0 = v_B = 21\,\text{m\,s}^{-1}$ und $a = -1{,}33\,g$:

$$v(t) = 21\,\text{m\,s}^{-1} - 1{,}33 \cdot 9{,}81\,\text{m\,s}^{-2} \cdot t$$
$$\underline{\underline{v(t) = 21\,\text{m\,s}^{-1} - 13\,\text{m\,s}^{-2} \cdot t}}$$

Der Graph ist Teil einer fallenden Geraden.

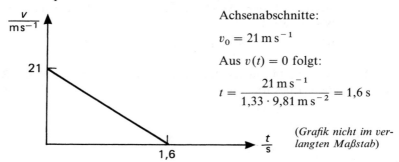

Achsenabschnitte:

$v_0 = 21 \, \text{m s}^{-1}$

Aus $v(t) = 0$ folgt:

$$t = \frac{21 \, \text{m s}^{-1}}{1{,}33 \cdot 9{,}81 \, \text{m s}^{-2}} = 1{,}6 \, \text{s}$$

(*Grafik nicht im verlangten Maßstab*)

Die Steigung der Geraden ist die auftretende Beschleunigung $-13 \, \text{m s}^{-2}$.

1.3.3 Es gilt die Bewegungsgleichung

$$s(t) = v_0 t + \frac{a}{2} t^2$$

Mit $v_0 = 21 \, \text{m s}^{-1}$ und $a = -13 \, \text{m s}^{-2}$ folgt:

$s(t) = 21 \, \text{m s}^{-1} \cdot t - 6{,}5 \, \text{m s}^{-2} \cdot t^2$

$\dfrac{t}{\text{s}}$	0	0,40	0,80	1,2	1,6
$\dfrac{s(t)}{\text{m}}$	0	7,4	13	16	17

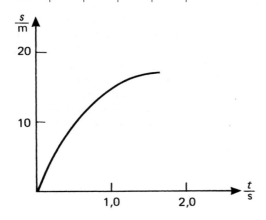

(*Grafik nicht im verlangten Maßstab*)

❹ 2.1 Beim antriebslosen Umlauf auf einer Kreisbahn verrichtet die Gravitationskraft $\vec{F}$ keine Arbeit, da $\vec{F}$ senkrecht zur Geschwindigkeit und zum Weg $\overrightarrow{\Delta x}$ wirkt.

$W = |\vec{F}| \cdot |\overrightarrow{\Delta x}| \cdot \cos\alpha$ ist Null, da $\cos 90° = 0$ ist.

2.2 Ist m die Masse des Raumschiffes, M die Erdmasse, r_1 der Radius der Bahn 1 des Raumschiffes und r_E der Erdradius, so gilt mit $F_r = F_{grav}$:

$$m \frac{v_1^2}{r_1} = G \frac{mM}{r_1^2}$$

$$v_1^2 = \frac{GM}{r_1}$$

Mit $r_1 = r_E + h_1 = (6{,}368 + 0{,}380) \cdot 10^6$ m ergibt sich:

$$v_1 = \sqrt{\frac{GM}{r_E + h}}$$

$$v_1 = \sqrt{\frac{6{,}67 \cdot 10^{-11}\, m^3\, kg^{-1}\, s^{-2} \cdot 5{,}97 \cdot 10^{24}\, kg}{(6{,}368 + 0{,}380) \cdot 10^6\, m}}$$

$$v_1 = 7{,}68 \cdot 10^3\, m\, s^{-1} = \underline{7{,}68\, km\, s^{-1}}$$

In der Höhe h_1 ergibt sich für den Betrag der Gravitationsfeldstärke $\vec{g}_1$:

$$g_1 = \frac{v_1^2}{r_1} = \frac{(7{,}68 \cdot 10^3\, m\, s^{-1})^2}{(6{,}368 + 0{,}380) \cdot 10^6\, m} = \underline{8{,}74\, m\, s^{-2}}$$

2.3.1 Unter einem „geostationären Satelliten" versteht man einen Satelliten, der scheinbar immer an der gleichen Stelle „stehenbleibt".

Ein geostationärer Satellit muß auf seiner Bahn die gleiche Umlaufzeit (und damit die gleiche Winkelgeschwindigkeit) wie die Erde bei ihrer Rotation um ihre Achse haben, und die Durchlaufrichtung der Satellitenbahn muß mit dem Drehsinn der Erde übereinstimmen. Deshalb muß die Bahnebene des Satelliten senkrecht zur Drehachse der Erde stehen; als Bahnebene kommt dann aber nur die Äquatorebene in Frage, da der Erdmittelpunkt Zentrum der Kreisbahn sein muß.

2.3.2 Aus $F_r = F_{grav}$ folgt:

$$m r_{geo} \left(\frac{2\pi}{T_{geo}}\right)^2 = G \frac{mM}{r_{geo}^2}$$

$$r_{geo}^3 = \frac{GM}{4\pi^2} T_{geo}^2$$

$$r_{geo} = \sqrt[3]{\frac{GM}{4\pi^2} T_{geo}^2}$$

Mit $T_{geo} = 24{,}0 \cdot 3600$ s ergibt sich:

$$r_{geo} = \sqrt[3]{\frac{6{,}67 \cdot 10^{-11} \text{m}^3 \text{kg}^{-1} \text{s}^{-2} \cdot 5{,}97 \cdot 10^{24} \text{kg}}{4\pi^2} \cdot (24{,}0 \cdot 3600 \text{ s})^2}$$

$$r_{geo} = 4{,}22 \cdot 10^7 \text{ m} = \underline{\underline{42{,}2 \cdot 10^3 \text{ km}}}$$

$$v_{geo} = r_{geo} \cdot \omega_{geo} = r_{geo} \cdot \frac{2\pi}{T_{geo}}$$

$$v_{geo} = 4{,}22 \cdot 10^7 \text{ m} \cdot \frac{2\pi}{24{,}0 \cdot 3600 \text{ s}} = 3{,}07 \cdot 10^3 \text{ m s}^{-1} = \underline{\underline{3{,}07 \text{ km s}^{-1}}}$$

2.3.3 $\Delta E = \Delta E_{pot} + \Delta E_{kin}$

Dabei ist ΔE_{pot} gleich der verrichteten Hubarbeit:

$$W_h = GmM \left(\frac{1}{r_1} - \frac{1}{r_{geo}}\right)$$

$$\Delta E_{kin} = \frac{m}{2} v_{geo}^2 - \frac{m}{2} v_1^2$$

Mit $v^2 = \frac{GM}{r}$ (s. Teilaufgabe 2.2) ergibt sich:

$$\Delta E = GmM \left(\frac{1}{r_1} - \frac{1}{r_{geo}}\right) + \frac{m}{2} \left(\frac{GM}{r_{geo}} - \frac{GM}{r_1}\right)$$

$$\Delta E = GmM \left(\frac{1}{r_1} - \frac{1}{r_{geo}} + \frac{1}{2r_{geo}} - \frac{1}{2r_1}\right)$$

$$\Delta E = GmM \left[\frac{2-1}{2r_1} - \frac{2-1}{2r_{geo}}\right] = \underline{\underline{GmM \left(\frac{1}{2r_1} - \frac{1}{2r_{geo}}\right)}}$$

$$\Delta E = \frac{6{,}67 \cdot 10^{-11}\,\text{m}^3\,\text{kg}^{-1}\,\text{s}^{-2} \cdot 570\,\text{kg} \cdot 5{,}97 \cdot 10^{24}\,\text{kg}}{2 \cdot 10^6\,\text{m}} \left(\frac{1}{6{,}748} - \frac{1}{42{,}2}\right)$$

$$\Delta E = \underline{\underline{1{,}41 \cdot 10^{10}\,\text{J}}}$$

2.4.1 Aus dem Bild in 2.0 kann man ablesen:

$\overline{\text{AB}} = 2a = r_1 + r_{\text{geo}}$

$a = \tfrac{1}{2}(r_1 + r_{\text{geo}})$

Aus 2.2 ist r_1, aus 2.3.2 ist r_{geo} bekannt. Also gilt:

$a = \tfrac{1}{2}(6{,}748 + 42{,}2) \cdot 10^6\,\text{m} = \underline{\underline{24{,}5 \cdot 10^3\,\text{km}}}$

2.4.2 Nach dem 3. Kepler-Gesetz gilt:

$$\frac{T_{\text{ABA}}^2}{T_{\text{geo}}^2} = \frac{a^3}{r_{\text{geo}}^3}$$

Daraus folgt:

$$T_{\text{ABA}} = T_{\text{geo}} \sqrt{\frac{a^3}{r_{\text{geo}}^3}}$$

$$T_{\text{ABA}} = 24{,}0\,\text{h} \cdot \sqrt{\left(\frac{24{,}5 \cdot 10^3\,\text{km}}{42{,}2 \cdot 10^3\,\text{km}}\right)^3} = 10{,}6\,\text{h}$$

Für die Hälfte der Ellipsenbahn ist demnach die Flugzeit $t_{\text{AB}} = \underline{\underline{5{,}3\,\text{h}}}$.

2.4.3 Laut Angabe in 2.4.0 ist die Geschwindigkeit auf der Bahn 2 in B:

$v_\text{B} = 1{,}61\,\text{km}\,\text{s}^{-1}$

Da nach 2.3.2 $v_{\text{geo}} = 3{,}07\,\text{km}\,\text{s}^{-1}$ ist, ist in B beim Übergang von Bahn 2 in die Bahn 3 eine Energiezufuhr nötig.

5 1.1.1 *Messung Nr. 1:* Zwei Federn hintereinander
Messung Nr. 2: Eine Feder allein
Messung Nr. 3: Zwei Federn parallel
Messung Nr. 4: Drei Federn parallel

1.1.2

Messung Nr.	1	2	3	4
$\dfrac{f_0^2}{D}$ in $\dfrac{(\text{Hz})^2}{\text{N}\,\text{m}^{-1}}$	$\dfrac{0{,}69^2}{1{,}5} = 0{,}32$	$\dfrac{0{,}98^2}{3{,}0} = 0{,}32$	$\dfrac{1{,}38^2}{6{,}0} = 0{,}32$	$\dfrac{1{,}69^2}{9{,}0} = 0{,}32$

$\dfrac{f_0^2}{D}$ ist konstant, also gilt: $\underline{\underline{f_0^2 = k \cdot D}}$, wobei k eine Konstante ist.

1.1.3 Aus dem linearen Kraftgesetz

$F(t) = -Dy$

folgt mit $F(t) = ma(t) = m\ddot{y}(t)$
die Differentialgleichung der harmonischen Schwingung:

$m\ddot{y}(t) + Dy(t) = 0$

Eine Lösung dieser Differentialgleichung ist:

$y(t) = A \sin(\omega t + \varphi_0)$

Setzt man diese Lösung in die Differentialgleichung ein, so erhält man:

$-mA\omega^2 \sin(\omega t + \varphi_0) + DA \sin(\omega t + \varphi_0) = 0$

Ausklammern von $A \sin(\omega t + \varphi_0)$ liefert:

$A \sin(\omega t + \varphi_0)[D - m\omega^2] = 0$

Da $A \neq 0$ ist, ist dieses Produkt unabhängig von t immer Null, wenn gilt:

$D - m\omega^2 = 0$

Daraus folgt: $\omega^2 = \dfrac{D}{m}$

$$\omega = \sqrt{\dfrac{D}{m}}$$

Mit $\omega = 2\pi f_0$ erhält man:

$$\underline{\underline{f_0 = \dfrac{1}{2\pi} \cdot \sqrt{\dfrac{D}{m}}}}$$

1.1.4 Aus $f_0^2 = kD$ und $f_0 = \dfrac{1}{2\pi}\sqrt{\dfrac{D}{m}}$ folgt:

$kD = \dfrac{1}{4\pi^2} \dfrac{D}{m}$

$m = \dfrac{1}{4\pi^2 k}$

Mit $k = \dfrac{(0{,}98\ \text{s}^{-1})^2}{3{,}0\ \text{N}\,\text{m}^{-1}} = 0{,}32\ \dfrac{\text{m}}{\text{N}\,\text{s}^2}$ ergibt sich:

$m = \dfrac{1}{4\pi^2 \cdot 0{,}32} \dfrac{\text{N}\,\text{s}^2}{\text{m}} = 0{,}079\ \text{kg} = \underline{\underline{79\ \text{g}}}$

1.2.1 $f_0 = \dfrac{1}{2\pi}\sqrt{\dfrac{D}{m}}$

$f_0 = \dfrac{1}{2\pi}\sqrt{\dfrac{3{,}0\,\text{N m}^{-1}}{79\cdot 10^{-3}\,\text{kg}}} = 0{,}98\,\text{s}^{-1} = \underline{\underline{0{,}98\,\text{Hz}}}$

Für die Elongation gilt allgemein:

$y(t) = A\sin(\omega t + \varphi_0)$

Für $\varphi_0 = \dfrac{\pi}{2}$ ist:

$y(t) = A\sin\left(\omega t + \dfrac{\pi}{2}\right) = A\cos\omega t$

$\underline{\underline{y(t) = 5{,}0\,\text{cm}\cdot\cos(6{,}2\,\text{s}^{-1}\cdot t)}}$

1.2.2 Es gilt allgemein: $v(t) = \dot{y}(t)$

Also $v(t) = -5{,}0\,\text{cm}\cdot 6{,}2\,\text{s}^{-1}\cdot\sin(6{,}2\,\text{s}^{-1}\cdot t)$
$v(40\,\text{s}) = -31\,\text{cm s}^{-1}\cdot\sin(6{,}2\,\text{s}^{-1}\cdot 0{,}40\,\text{s})$
$v(40\,\text{s}) = -31\,\text{cm s}^{-1}\cdot 0{,}61 = \underline{\underline{-19\,\text{cm s}^{-1}}}$

1.2.3 $E_{\text{pot}}(t) = \tfrac{1}{2}D[y(t)]^2 = \tfrac{1}{2}D[A\cos(\omega t)]^2 = \underline{\underline{\tfrac{1}{2}DA^2\cos^2(\omega t)}}$
$E_{\text{kin}}(t) = \tfrac{1}{2}m[v(t)]^2 = \tfrac{1}{2}m[-A\omega\sin(\omega t)]^2 = \underline{\underline{\tfrac{1}{2}mA^2\omega^2\sin^2(\omega t)}}$

1.2.4 $E_{\text{ges}}(t) = E_{\text{pot}}(t) + E_{\text{kin}}(t)$
$E_{\text{ges}}(t) = \tfrac{1}{2}DA^2\cos^2(\omega t) + \tfrac{1}{2}mA^2\omega^2\sin^2(\omega t)$
$E_{\text{ges}}(t) = \tfrac{1}{2}A^2[D\cos^2(\omega t) + m\omega^2\sin^2(\omega t)]$

Da für harmonische Schwingungen $D = m\omega^2$ ist (s. Teilaufgabe 1.1.3), folgt:

$E_{\text{ges}}(t) = \tfrac{1}{2}A^2 D[\cos^2(\omega t) + \sin^2(\omega t)] = \tfrac{1}{2}A^2 D\cdot 1$

$\underline{\underline{E_{\text{ges}}(t) = \tfrac{1}{2}A^2 D}}$ ist zu jedem Zeitpunkt konstant, da A und D konstant sind.

6 1.1.1 Zur Untersuchung der Abhängigkeit der Periodendauer T von der Pendellänge l muß die Masse m konstant bleiben; dies ist bei den Messungen Nr. 1, 2 und 5 der Fall:

Messung Nr.	1	2	5
l in m	0,400	0,800	1,400
$\sqrt{l}$ in m$^{\frac{1}{2}}$	0,632	0,894	1,18
T in s	1,30	1,80	2,40

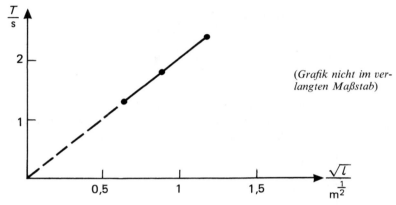

(*Grafik nicht im verlangten Maßstab*)

Der $\sqrt{l}$-T-Graph ist Teil einer Ursprungsgeraden, also gilt: $\underline{T \sim \sqrt{l}}$

1.1.2 Zur Untersuchung der Abhängigkeit der Periodendauer T von der Pendelmasse m muß die Pendellänge l konstant bleiben; dies ist bei den Messungen Nr. 2, 3 und 4 der Fall. Die Periodendauer T ist dabei jeweils 1,80 s, obwohl die Pendelmassen unterschiedlich sind. Deshalb ist die Periodendauer T nicht von der Pendelmasse m abhängig.

1.1.3 Aus 1.1.1 und 1.1.2 folgt:

$T = k\sqrt{l}$, wobei k eine Konstante ist.

Daraus folgt unter Benützung des $\sqrt{l}$-T-Diagramms:

$$k = \frac{\Delta T}{\Delta \sqrt{l}} = \frac{2{,}40 \text{ s}}{1{,}18 \text{ m}^{\frac{1}{2}}} = \underline{\underline{2{,}0 \text{ s m}^{-\frac{1}{2}}}}$$

1.2.1

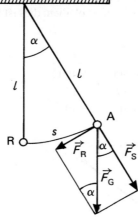

Wir betrachten die Kugel im Auslenkpunkt A.
Die Gewichtskraft $\vec{F}_G$ läßt sich in die Komponenten $\vec{F}_R$ und $\vec{F}_S$ zerlegen.
$\vec{F}_R$ ist die Rückstellkraft, $\vec{F}_S$ spannt den Faden.

Für die Beträge gilt:

$$\frac{F_R}{F_G} = \sin \alpha$$

$$F_R = F_G \sin \alpha$$

Für kleine Ausstellwinkel α gilt näherungsweise:

$$\sin \alpha = \frac{s}{l}, \quad \text{wobei } s \text{ die Elongation ist.}$$

Daraus folgt:

$$F_R = F_G \cdot \frac{s}{l} = \underline{\underline{\frac{mgs}{l}}}$$

1.2.2

Wenn für eine Schwingung das lineare Kraftgesetz $F = -Ds$ gilt, nennt man sie harmonisch.

Nach 1.2.1 ist $F_R = \frac{mg}{l} \cdot s$, also $F_R \sim s$, da m, g und l konstant sind.

Da $\vec{F}_R$ stets entgegengesetzt zur Auslenkung $\vec{s}$ gerichtet ist, gilt:

$$\vec{F}_R = -D\vec{s} \quad \text{mit der Richtgröße} \quad D = \frac{mg}{l}$$

Die Schwingung ist also harmonisch.

1.2.3 Für die Periodendauer einer harmonischen Schwingung gilt:

$$T = 2\pi \sqrt{\frac{m}{D}}$$

Mit $D = \dfrac{mg}{l}$ als Richtgröße ist:

$$T = 2\pi \sqrt{\frac{ml}{mg}} = \underline{2\pi \sqrt{\frac{l}{g}}}$$

1.2.4 Aus $T = k\sqrt{l}$ und $T = 2\pi \sqrt{\dfrac{l}{g}}$ folgt:

$$k\sqrt{l} = 2\pi \sqrt{\frac{l}{g}}$$

$$k = \frac{2\pi}{\sqrt{g}}$$

$$g = \frac{4\pi^2}{k^2}$$

Mit $k = 2{,}0 \text{ s m}^{-\frac{1}{2}}$ ergibt sich:

$$g = \frac{4\pi^2}{4{,}0 \text{ s}^2\text{m}^{-1}} = \pi^2 \text{ m s}^{-2} = \underline{\underline{9{,}9 \text{ m s}^{-2}}}$$

1.3.1 Für die Elongation $s(t)$ gilt bei der Amplitude A:

$$s(t) = A \sin(\omega t + \varphi_0)$$

Mit den zu verwendenden Daten ist:

$A = 0{,}800 \text{ m} \cdot \sin 8° = 0{,}11 \text{ m}$

$\omega = \dfrac{2\pi}{T} = \dfrac{2\pi}{1{,}80 \text{ s}} = 3{,}49 \text{ s}^{-1}$

$\varphi_0 = \dfrac{\pi}{2}$

Damit ergibt sich:

$$s(t) = 0{,}11 \text{ m} \sin\left(3{,}49 \text{ s}^{-1} \cdot t + \frac{\pi}{2}\right)$$

$$\underline{s(t) = 0{,}11 \text{ m} \cos(3{,}49 \text{ s}^{-1} \cdot t)}$$

1.3.2 Ist das Nullniveau der potentiellen Energie im Punkt R, so ist die Gesamtenergie der Schwingung die potentielle Energie im maximalen Auslenkpunkt A. Diese ist gleich der Arbeit W, die die Rückstellkraft auf dem Weg von A nach R verrichtet. Wegen $F_R \sim s$ ist dabei die wirkende Kraft im Mittel gleich der halben Rückstellkraft $F_R(A)$ im Punkt A. Der Weg ist bei kleinen Ausstellwinkeln in guter Näherung die Amplitude A.
Damit gilt für die Arbeit:

$$W = \tfrac{1}{2} F_R(A) \cdot A = \tfrac{1}{2} \frac{mgA}{l} \cdot A = \tfrac{1}{2} \frac{mg}{l} A^2$$

Also ist die Gesamtenergie:

$$E_{ges} = \tfrac{1}{2} \frac{mg}{l} A^2$$

$$E_{ges} = \tfrac{1}{2} \cdot \frac{0{,}150 \text{ kg} \cdot 9{,}81 \text{ m s}^{-2}}{0{,}800 \text{ m}} \cdot (0{,}11 \text{ m})^2 = \underline{\underline{11 \text{ mJ}}}$$